ココミル
cocomiru

沖縄

創造一次美好的
旅遊回憶♪

沖繩這個地方
有許多優美的景色

左：熱帶的水果鳳梨 右：一翠窯（P108）的蕎麥豬口杯

 白沙、清透的海水與陽光
交織出美麗的蔚藍海灘、
歷經琉球的歷史，閃耀著朱紅光芒的首里城、
沖繩美麗海水族館裡色彩繽紛的魚群。
歡迎來到繽紛的沖繩美景！

左：HANAHANA工房（P111）含有海鹽的鑰匙圈　右：琉冰 Ryu-pin（P80、P104）的冰山

入住度假飯店，
忘卻時間的流轉，
度過專屬自己的
美好時光。

上方照片由左：在卡努佳度假村（P124）好好放鬆／JAL Private Resort Okuma（P126）的SPA
中間照片由左：卡努佳度假村的飲料／在 JAL Private Resort Okuma用餐
下方照片由左：Hotel Nikko Alivila（P122）的大廳迴廊／ANA INTERCONTINENTAL（P123）的點心／卡福度假酒店（P123）的游泳池畔／Hotel Nikko Alivila的游泳池

想稍事休息的話就到濱海咖啡廳，置身於令人心曠神怡的遼闊風景中，好好享受悠閒時刻。

上方照片：從花人逢（P60）眺望出去的蔚藍海洋　中間照片由左：カフェくるま（P88）的美麗海景／花人逢的人氣披薩／Cafeやぶさち（P89）的蛋糕
下方照片由左：カフェくるま的著名餐點紅豆湯圓／從萬座毛（P79）看出去的夕陽／來到渡辺の茶屋（P87）放鬆心情

親身體驗沖繩的文化、
歷史與自然，
逃離喧囂世界的入口就在這裡。

上方照片：茶処 真壁ちなー（P91）的紅瓦 中間照片由左：パーラーKinjo（P33）的果汁／沖繩美麗海水族館（P46）的大水槽
下方照片由左：今帰仁城遺址（P54）／Depot Island（P76）／那霸市第一牧志公設市場（P32）／首里城（P36）／TIDAMOON（P109）的石敢當包包

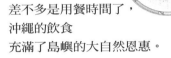

差不多是用餐時間了，
沖繩的飲食
充滿了島嶼的大自然恩惠。

有著溫和手感的手工製品
令人一見鍾情。
這些工藝品及雜貨
就是最適合送給自己的伴手禮。

沖繩是什麼樣的地方？

在東京的西南方約1600公里處有著根深蒂固的特有文化

屬於亞熱帶氣候的沖繩，年平均氣溫為23°C，因此沖繩本島北部有廣闊的亞熱帶樹林，也有山原秧雞等特有種生物棲息。此外，在1429年建立的琉球王國，透過與中國和東南亞等國的貿易，也孕育出特有的王朝文化，至今仍能在首里城（☞P36）等歷史遺跡及當地的工藝品、傳統技藝等，感受到昔日的風華。

琉球王國的中心，
首里城（☞P36）

沖繩美麗海水族館
（☞P46）的黑潮之海

景點在哪裡？

沖繩美麗海水族館和首里城是2大人氣景點

展示著鯨鯊和鬼蝠魟等多種巨大魚類，規模龐大的沖繩美麗海水族館（☞P46），是吸引許多遊客造訪的人氣景點。而由那霸機場搭乘單軌電車加上步行共約45分的首里城（☞P36）則被列為世界遺產，也是務必造訪的景點之一。

造訪沖繩前的
必備旅遊知識

若能事先把握觀光景點和約略距離等資訊，
訂定沖繩旅遊計畫及旅程當日的動線也會更加順暢。
不妨事先做好功課及行前準備。

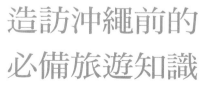

該如何移動呢？

觀光以租車自駕最方便。
只在那霸市內也可利用單軌電車

在沖繩島上移動，租車自駕是最基本的方式。可在那霸機場周邊的租車服務處借車，由機場前往服務處也有提供專車接送的服務。如遇暑假或是黃金週假期等旺季，務必提早預約。如果只在那霸市內觀光，也可靈活運用單軌電車。

租車的話
可以擴大行動範圍

觀光要花多少時間？

比想像中還要寬廣的沖繩本島
至少需玩上3天2夜

沖繩本島南北距離約有120公里，觀光景點分布在各處，因此，若想要遊逛沖繩美麗海水族館、首里城等經典觀光景點的話，考慮到移動時間，至少需住上2晚。若想要深度探訪本島的山原和南部等地，或是到離島觀光的話，就計畫3晚的行程吧。

富著卡福度假酒店、
公寓（☞P125）
的海灘

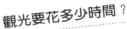

沖繩的世界遺產是？

首里城、今歸仁城，
沖繩有9處世界遺產。

沖繩的世界遺產是以「琉球王國的御城及相關遺產群」的名稱編入，分別為首里城遺址、中城城址、勝連城遺址、座喜味城遺址、今歸仁城遺址、園比屋武御嶽石門、玉陵、識名園、齋場御嶽等9處，名稱中有城遺址的5處，便是沖繩的古城堡「御城（グスク）」，可在首里城的正殿內參觀過去的城池遺跡。（☞P36）

城牆十分壯觀的
今歸仁城遺址（☞P54）

沖繩美食有哪些？

什錦炒苦瓜、沖繩麵、沖繩東坡肉。使用島嶼食材製成的料理豐富多元

最具代表性的便是沖繩縣民相當熟悉的大眾美食——沖繩炒什錦及沖繩麵。這裡有許多使用了苦瓜、絲瓜等島產蔬菜烹製的菜餚，家常菜在一般食堂就品嘗得到。此外，多種東坡肉、豬腳等豬肉料理也是沖繩美食的特徵之一。若想盡情享用多元料理，推薦前往供應各式沖繩料理的居酒屋。（☞P100）

花笠食堂（☞P96）
的什錦炒苦瓜

山原そば（☞P61）
的排骨麵

Café des Tartes 松尾店（☞P24）
的紅芋巧克力蛋糕

ANA INTERCONTINENTAL
MANZA BEACH RESORT
（☞P123）的客房

沖繩飯店的魅力是？

度假村的憧憬理想在此實現海景飯店集中於西海岸

海洋景觀客房、步行即到美麗海灘的水上活動，還有能夠好好放鬆的舒壓按摩…。可以體驗南國度假風情的沖繩度假飯店多集中於西海岸，座落在那霸機場與沖繩美麗海水族館之間，欲前往主要觀光景點也相當方便。
（☞P119）

有哪些傳統工藝品呢？

紅型、陶藝品、琉球玻璃…
也不乏可使用於日常生活的逸品

色彩鮮豔的紅型、有陶土的溫暖手感的陶藝品，以及帶有透明感的琉球玻璃等，這些展現沖繩富饒風土民情的工藝品，是非常受歡迎的伴手禮。近幾年也增加了許多設計更為簡約、現代的作品，增添了更多挑選的樂趣。若有機會的話，也來挑戰看看親自製作的體驗課程吧。（☞P72）

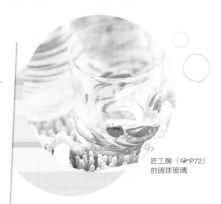

匠工房（☞P72）
的琉球玻璃

やちむん喫茶
シーサー園（☞P58）

想稍微歇腳時？

推薦本島南部的濱海咖啡廳和
北部的森林咖啡廳

可眺望一片珊瑚藍海的濱海咖啡廳（☞P88）及被茂密綠意環繞的森林咖啡廳（☞P58），不妨在擁有絕佳位置的咖啡廳中，徜徉在沖繩的自然美景中，度過放鬆愜意的時光吧！濱海咖啡廳位在南部的東海岸一帶，森林咖啡廳則散布在本部町伊豆味的八重岳周邊，可以在觀光途中順道造訪也是魅力之一。

下雨的話該怎麼辦？

在水族館等室內設施
或在飯店度過也是一種方法

若遇上豪雨，就放棄御城等室外的觀光景點，改往水族館及體驗工房（☞P72）等室內設施吧。此外，由於那霸市第一牧志公設市場（☞P32）設有雨棚，即使雨天也能盡情逛街。若遇上颱風等天候不佳的狀況，就在下榻飯店內享受美體療程、挑戰工藝品製作吧。

不需擔心天氣，能放心遊逛的那霸市第一牧志公設市場（☞P32）

第1天

11:00 那霸機場 出發！

那霸機場是沖繩旅行值得紀念的第一步。由這裡搭乘接送專車前往租車公司

12:30 首里そば

觀光前，先來到非常受歡迎的首里そば（☞P95）享用午餐。富有嚼勁的手打麵口感獨特

13:30 首里城公園 這裡可是世界遺產呢

曾經是琉球王國中樞的首里城（☞P36）。穿過數座城門，來到城池中心的正殿

正殿內部有修復完成的玉座等，洋溢著莊嚴氣息。也可參觀舊正殿的遺址

恩納休息站
16:00 なかゆくい市場 每樣都想吃！

在古都首里的嘉例山房（☞P41）享用傳統茶品泡泡茶，滿滿的泡泡非常特別

前往恩納休息站なかゆくい市場，目標是只有這裡才吃得到的當地美食

17:30 萬座毛

沖繩最具代表性的名勝，萬座毛（☞P79）。若時間剛好，務必欣賞這裡的夕陽美景

19:00 度假飯店 晚安…

下榻於恩納村的度假飯店（☞P123），消除旅途疲勞

第2天 早安！

10:00 沖繩美麗海水族館 震撼度超乎想像

沖繩美麗海水族館（☞P46）的入口處有巨大的鯨鯊紀念碑

日本最大的水槽，黑潮之海。鯨鯊悠遊其中的壯大規模震懾人心

水族館外的海豚劇場可免費欣賞海豚秀

13:00 ピザ喫茶花人逢

擁有美麗海景的ピザ喫茶花人逢（☞P60）是每天都大排長龍的熱門店家

3天2夜的
極上沖繩之旅

除了美麗海水族館和國際通等熱門景點之外，
不妨稍微走遠一些，造訪琉球王國的遺產，
將沖繩本島由南玩到北，盡情感受沖繩的魅力吧。

14:00 今歸仁城遺址

年代比首里城還久遠，被列為世界遺產的今歸仁城遺址（☞P54）

15:30 古宇利大橋

在沖繩本島最長的橋樑——古宇利大橋（☞P55）上暢快兜風，想搖下車窗感受海風

耀眼的白砂！

古宇利島（☞P55）有許多美麗的海灘。夏天各家餐廳皆會提供海膽蓋飯

☪☆ 晚安…

18:00 度假飯店

續住度假飯店。享受晚餐和舒壓按摩，將兩天下來的舟車勞頓都帶走吧

第3天　☀早安！

10:00 國際通

前往沖繩最著名的鬧區，國際通（☞P24）。店舖林立，可以開心地挑選伴手禮

陳列著可愛西沙獅的Bijou Box（☞P29）。最受歡迎的西沙獅是給自己的伴手禮

盡情享受
沖繩風味

午餐享用沖繩料理。在家庭料理的店まんじゅまい（☞P97）品嘗什錦炒苦瓜

來到Vita Smoothies（☞P104）享受飯後甜點。果香濃郁的冰沙口感清爽

那霸市第一牧志
13:00 公設市場（まちぐゎー）

陳列著生活用品的拱廊商店街，暱稱まちぐゎー（☞P32）。雨天也不怕淋濕，盡興遊逛

在那霸市第一牧志公設市場（☞P32）可以看到罕見的七彩魚貨

壺屋
14:00 陶器街

由公設市場步行5分。在從王國時代傳承至今的陶器街——壺屋（☞P34）散散步

抵達一！

16:00 那霸機場

如果離搭機還有時間，也可在此購買限定伴手禮、品嘗沖繩美食

既然都專程
遠道而來了

第4天要不要稍微走遠一些呢？

保有聖地和戰爭
遺跡的本島南部

世界遺產——齋場御嶽（☞P87）及姬百合之塔、姬百合和平祈念資料館（☞P86）等坐落於此。也很推薦近年來興起的濱海咖啡廳（☞P88）

叢林廣布的
山原

除了可在本島最北端的邊戶岬（☞P64）及可在森林中登山健行的比地大瀑布（☞P63）外，還可藉由紅樹林獨木舟之旅（☞P62）等盡情感受大自然。

叩叩日本 ✤
cocomiru ココミル

沖繩

Contents

交織出琉球王國歷史的首里城

風情萬種的首里金城町石板路

沖繩的窯燒陶器

眺望著大海悠閒喫茶

將外國人住宅改建而成的咖啡廳

首里城公園的守禮門前

在古宇利大橋來趟暢快兜風

旅程中遇見的南國花卉

沖繩的守護神，西沙獅

被美麗海的魚兒所感動♪

徜徉在療癒人心的蔚藍海洋
啟程前往沖繩觀光吧

朱紅色正殿令人印象深刻的首里城，
大大小小的魚群優雅的悠遊姿態
令人不禁著迷的沖繩美麗海水族館。
由南玩到北，展開一場體驗沖繩獨特文化的旅行。

沖繩本島是什麼樣的地方

沖繩本島的南北距離約120公里，孕育出與日本本州截然不同的自然和文化，充滿獨特的魅力。

沖繩觀光一般多以租車自駕為主

沖繩並沒有連結各區域的鐵路，而觀光巴士也不利於觀光，所以在旅程移動上以租車自駕最為方便。汽車導航為基本配備，前往大部分觀光景點的路線都順暢無阻。

沖繩本島的幅員相當遼闊

繞行沖繩本島一周約400km。由機場走高速公路前往沖繩美麗海水族館也要約2小時。由於那霸市內十分容易塞車，回程前往機場那天在行程安排上須預留時間。

機場～那霸搭乘單軌電車

若移動範圍在那霸、首里區域內，則以搭乘單軌電車較有效率。連結機場到國際通、首里等觀光地，也不會受到那霸市內的大塞車影響，非常方便。

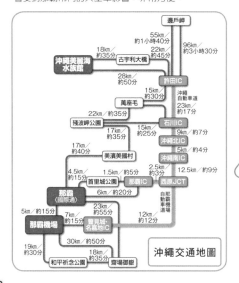

沖繩交通地圖

邊戶岬
55km／約1小時40分
96km／約3小時30分
18km／約35分
22km／約45分
古宇利大橋
沖繩美麗海水族館
28km／約50分
許田IC
15km／約30分
沖繩自動車道
23km／約17分
萬座毛
22km／約35分
殘波岬公園
石川IC
17km／約35分
15km／約25分
9km／約7分
沖繩北IC
美濱美國村
5km／約4分
沖繩南IC
17km／約40分
2.5km／約3分
12.5km／約9分
4.5km／約15分
1.5km／約5分
首里城公園
那霸IC
西原JCT
那霸〈國際通〉
6km／約20分
自動車道那霸機場
5km／約15分
7km／約15分
23km／約55分
12km／約12分
那霸機場
豐見城・名嘉地IC
19km／約30分
30km／約50分
18km／約35分
和平祈念公園
齋場御嶽

那霸・首里 ①
なは・しゅり

・・・ P20

沖繩縣廳所在地，國際通等著名景點集中於此。市區東側則有古都首里。

詳情在這裡
國際通 ☞P24
市場 ☞P32
壺屋陶器街 ☞P34
首里城 ☞P36

本島南部 ④
ほんとうなんぶ

・・・ P84

那霸市再往南走的地區。散布著南部戰爭遺跡和齋場御嶽等能量景點。

詳情在這裡
姬百合塔・姬百合和平祈念資料館 ☞P86
和平祈念公園 ☞P86
齋場御嶽 ☞P87
濱海咖啡廳 ☞P88

首先來這裡收集資訊

那霸市觀光服務處

免費提供那霸市內的觀光資訊，也可在此取得觀光手冊等優惠資訊。

☎098-868-4887 住那霸市牧志3-2-10（TENBUSU那霸1樓）⊙9～20時 休無休 交單軌電車牧志站步行6分
MAP P145D2

本島北部

ほんとうほくぶ

··· P44

名護市以北的地區。由沖繩美麗海水族館所在的本部半島，以及坐擁大自然的山原所構成。

詳情在這裡

沖繩美麗海水族館 ☞P46
今歸仁城遺址 ☞P54
古宇利大橋 ☞P55
慶佐次川紅樹林
獨木舟巡遊 ☞P62

沖繩本島是什麼樣的地方

2 本島北部

名護市

なごし

前往本島北部的入口。北部最大的都市。有數座主題公園和名護市營市場（照片）。

轉運重鎮

萬座毛

殘波岬公園

座喜味城遺址

陶器之鄉

沖繩北IC

東海

Depot Island

那霸·首里 1

首里城公園

那霸國際機場

豐見城·名嘉地IC

豐見城IC

3 本島中部

詳情在這裡

青之洞窟 ☞P68
陶器之鄉 ☞P70
Depot Island ☞P76

本島中部

ほんとうちゅうぶ

··· P66

由13個市町村構成，西海岸的度假飯店及北谷町的Depot Island是主要的觀光景點。

齋場御嶽

4 本島南部

沖繩世界文化王國·玉泉洞

姬百合之塔
姬百合和平祈念資料館
喜屋武岬

和平祈念公園

0 5km

重點看過來！
琉球王朝氛圍
世界遺產巡禮

首里城曾經為琉球王國的中樞而繁盛一時，以此為中心遊逛。這裡也有許多紅型染及泡盛酒的工房。（☞P36）

重點看過來！
南國特有的
市場挖寶之旅

販賣著沖繩特產的魚貨和食材的那霸市第一牧志公設市場，是沖繩人的廚房。（☞P32）

重點看過來！
購物天堂在這裡
來去國際通吧

沿路林立著南國風格洋溢小店的國際通。每週日12～18時為行人專用道。（☞P24）

探訪著名街道，以及令人遙想起琉球王國的古都

那霸・首里
なは・しゅり

有可愛的雜貨

是這樣的地方

貫穿沖繩中心地帶──那霸市區約1.6公里長的國際通，是過去被稱為「奇蹟的1哩」的象徵性地標，沿街林立著餐廳及伴手禮店。首里則曾經是琉球王國的首都。
在世界遺產的首里城等地，可以一面散步，一面感受琉球王朝時代的繁華歷史。

那霸・首里
就在這裡！

沖繩美麗海
水族館

那霸・首里

自由沖繩

國際通

那霸機場

a c c e s s

●由那霸機場到國際通
那霸機場站搭乘單軌電車13分，縣廳前站下車，步行2分
●由那霸機場到首里城
那霸機場站搭乘單軌電車27分，首里站下車，步行15分

〔洽詢〕
☎098-868-4887
那霸市觀光服務處
☎098-862-1442
那霸市觀光協會
〔廣域MAP〕P142～143

20

那霸・首里

深受當地人矚目的
新都心區域
大型購物中心、咖啡廳和居酒屋櫛次鱗比。

聰明運用單軌電車
讓旅途更順暢
連結那霸機場到首里的單軌電車，景色優美。（☞攜帶MAP正面）

往浦添・北谷

浦添市

古島IC
古島
市立病院前
末吉公園

沖繩縣立博物館・美術館
T GALLERIA沖繩
法華經寺
神德寺

2 新天堂通
（☞P30）

真嘉比IC
市立病院

首里城公園
（☞P23） 5
儀保

0　　500m
N

首里

國際通
（☞P24） 1

美榮橋
歌町
牧志

安國禪寺

萬松院
首里城

往西原JCT

大典寺
縣廳前
榮町市場
安里

4 壺屋陶器街
（☞P34）

6 首里金城町石板路
（☞P40）

Palette久茂地
那霸市中心
那霸市役所
沖繩縣廳

那霸IC

3 那霸市第一牧志公設市場
（☞P32）

南風原町

壺川
奧武山公園
往那霸機場
那霸大橋

那霸市

識名靈園墓地

奧武山公園

沖繩大

漫湖
爬龍橋
那霸東バイパス
よみぢ大橋
國場川
貫玉橋

観光的提要
租車自駕
請留意交通狀況
那霸市內有著長期的塞車問題，建議先做好國際通整天皆會塞車的準備。再加上國道58號及國道330號早晚的車流回堵狀況也十分嚴重，最好多預留點時間。

詳情請見P22

推薦的行程時間
4小時

往新天堂通、那霸市第一牧志公設市場，可從國際通步行即到。往壺屋陶器街則可穿過市場步行即到。往首里則可搭乘單軌電車，安里站到首里站約9分。

起點
單軌電車縣廳前站
▶ 步行2分

1 購物 國際通
▶ 步行10分

2 購物 新天堂通
▶ 步行15分

3 購物 那霸市第一牧志公設市場（まちぐゎー）
▶ 步行5分

4 參觀 壺屋陶瓷器通
▶ 步行15分 安里站搭乘單軌電車9分，從首里站步行

5 參觀 首里城公園
▶ 步行15分

6 參觀 首里金城町石板路
▶ 步行30分

終點
單軌電車首里站

21

需時4小時
MAP和行程介紹
請見P21

從國際通到首里城
首先前往那霸最具代表性的觀光勝地

那霸市景點多聚集於國際通一帶，非常適合來此觀光兼散步。
若有時間也不妨走遠一些，造訪留有古都風情的首里吧。

人行道上栽種著椰子樹，充滿南國風情

START!

1

こくさいどおり
國際通

詳情請見
P24

沖繩的主要大街

觀光客絡繹不絕，長約1.6公
里的街道，商店櫛比鱗次，
從必買的沖繩伴手禮到吸睛
可愛的雜貨，應有盡有。

☎098-868-4887（那霸市觀光服
務處）🚍那霸市久茂地～安里 🅿自
由通行 🚏牧志站步行即到 🅿無
MAPP144B3～145E2

要跟我一起
拍照喔

步行
10分

國際通的兩端
有西沙獅坐鎮

西沙獅吊飾能
吸引眾人目光？

Bijou Box（☞P29）有
許多西沙獅雜貨

最適合炎熱
的沖繩了

Café des Tartes 松尾
店（☞P24）的紅芋
紅豆湯圓冰

在這裡用午餐

大東麵（中）
500日圓

2

にゅーぱらだいすどおり
新天堂通

詳情請見
P30

前往當地人集聚的巷弄

就位於國際通後方，路名由曾
經坐落此地的舞廳「Paradise」
演變而來。近年來有不少時尚
咖啡廳和小店進駐。

☎098-868-4887（那霸市觀光服務
處）🚍那霸市牧志 🅿自由通行 🚏縣
廳前站步行13分 🅿無 **MAP**P144C2

座落著許多個性小店

がんそだいとうそば
元祖大東ソバ

可品嘗到店主家鄉——南大
東島風味的沖繩麵，口感Q
彈的自製麵條與清爽的柴魚
高湯十分對味。

☎098-867-3889 🏠那霸市牧
志1-4-59 🕚11時～20時30分
LO 🈵無休 🚏縣廳前站步行15
分 🅿無 **MAP**P144C2

步行
5分

新舊的工房、陶器店鱗次櫛比

5

詳情請見 P36

しゅりじょうこうえん
首里城公園

朱紅色耀眼迷人的琉球王國象徵

做為琉球王國中心長達450年歷史而繁榮的王城。閃耀著朱紅色光芒的正殿以雕龍裝飾，豪華絢爛的建築令人印象深刻。

☎098-886-2020(首里城公園管理中心) 健那霸市首里金城町1-2 ￥820日圓 ⏰自由參觀 休7月第1週三及其翌日 交首里站步行15分 Ｐ收費116輛 MAP P157B3

步行和單軌電車 40分

4

詳情請見 P34

つぼややちむんどおり
壺屋陶器街

自古以來的燒窯城鎮

這條長約400公尺的街道瀰漫著歷史風情，林立著燒窯業者的工房和直營店。一面尋找喜歡的器皿一面散步也很不錯。

☎098-868-4887(那霸市觀光服務處) 健那霸市壺屋 ⏰自由參觀 交牧志站步行15分 Ｐ無 MAP P145E4

陳列著年輕藝術家作品的 guma-guwa (☞P35)

做為古城中樞的正殿，氣氛莊嚴

在這裡小憩片刻

ことしゅりのかりーさんふぁん
古都首里の嘉例山房

將炒製米飯等穀物所產生的泡沫，在茶上倒入厚厚一層的傳統茶品，也可以體驗自行起泡的樂趣。

☎098-885-5017 健那霸市首里池端町9 ⏰10~18時LO 休週二・三(假日、新年期間營業) 交首里站步行15分 Ｐ4輛 MAP P157B2

泡泡茶800日圓

公設市場擁有超過10個入口的其中之一

閃耀著藍綠色光澤的卵頭鸚哥魚是日本鸚鯉的同類

步行 5分

琳琅滿目的食衣住商品，熱鬧非凡

3

詳情請見 P32

なはしだいいちまきしこうせついちば(まちぐゎー)
那霸市第一牧志公設市場(まちぐゎー)

店家櫛比鱗次的拱廊商店街

販賣肉品、蔬菜、水果、雜貨等，市場內應有盡有，堪稱那霸的廚房。錯綜的街道上林立著眾多店家，宛如迷宮般複雜！

☎098-868-4887(那霸市觀光服務處) 健那霸市松尾~牧志 ⏰自由參觀 交牧志站步行8分 Ｐ無 MAP P145D3

步行 15分

GOAL!

6

詳情請見 P40

しゅりきんじょうちょういしだたみみち
首里金城町石板路

令人遙想起王國時代的古道

連接首里城與那霸的主要街道——真珠道的一部分。可透過林立於沿路的紅瓦民宅等，一面感受懷舊氣息一面漫步。

☎098-917-3501(那霸市文化財課) 健那霸市首里金城町 ⏰自由通行 交首里站步行30分 Ｐ無 MAP P157A3

與周遭美景相襯 洋溢著復古情調

 由壺屋陶器街前往首里城以搭乘計程車較方便，約需15分，車資約1000日圓左右。

想要的東西在這裡一次買齊？！
沖繩的主要大街——國際通

國際通上林立著以伴手禮店為主的商家，是觀光客絡繹不絕的沖繩第一鬧區。
購物中途的休息時光，就來點沖繩風的甜點和美食吧。

✚ 國際通是？

沖繩觀光必去景點！
貫穿那霸市中心長約1.6公里的街道，最
適合逛街和品嘗沖繩美食了。市場（☞
P32）和陶器街（☞P34）皆在步行可到
的範圍內，結合國際通上的觀光景點遊
逛，可以玩上1整天。

洽詢 那霸市觀光服務處
☎098-868-4887
交通方式 那霸機場站搭乘單軌電車13分，
縣廳前站下車，步行即到
MAP P144B3～145E2

苦瓜長椅

Palette久茂地

國際通
入口處的
西沙獅

縣廳前通

府庁北口

那霸市役所前

紅芋塔的雕像

沖繩縣議會事務所

HOTEL
ROCORE NAHA

國 際

🏠 わしたショップ
國際通本店
P.113

Ⓐ

Ⓑ

🏠 御菓子御殿
國際通松尾店
P.113

0 ─────── 50m

滿滿的新鮮芒果

以紅芋為賣點的
沖繩紅豆湯圓冰

りゅうどう わしたしょっぷてん
Ⓐ琉堂 わしたショップ店

加入大量芒果的紅豆湯圓冰，以
及芒果冰沙480日圓頗受好評。
這裡也販賣水果，提供伴手禮用
的寄送服務。

☎098-861-1947 **住**那霸市久茂
地3-2-22（わしたショップ本店前）
🕙10～22時 **休**無休 **交**縣廳前站
步行3分 **P**無 **MAP**P144B3

芒果紅豆湯圓冰
580日圓
在刨冰擺上滿滿的芒
果果肉和沖繩紅豆湯
圓的人氣甜點

紅芋冰淇淋紅豆湯圓冰
520日圓
淋上黑糖蜜的刨冰，配上紅芋冰
淇淋和紅芋湯圓

紅芋巧克力
259日圓
包裹著紅芋奶油的
巧克力海綿蛋糕，
與紅芋泥非常搭

かふぇでたると まつおてん
ⒷCafé des Tartes 松尾店

附設於以元祖紅芋塔遠近馳名
的御菓子御殿，繽紛的紅芋甜
點水看便是一場視覺饗宴。

☎098-862-0334 **住**那霸市松
尾1-2-5（御菓子御殿國際通松尾
店）🕙9～22時（咖啡廳為～20
時30分LO）**休**無休 **交**縣廳前站
步行3分 **P**無 **MAP**P144B3

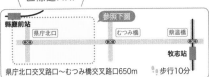

國際通MAP

縣廳前站
縣庁北口 ／ 參照下圖 ／ むつみ橋 ／ 蔡溫橋

牧志站

縣庁北口交叉路口～むつみ橋交叉路口650m ・步行10分

每週日的12～18時為
行人專用道
於國際通的部分區域實施，舉行
EISA舞蹈等表演活動。
☎098-863-2755（那霸市國際通
商店街振興組合連合會）

那霸・首里 ● 沖繩的主要大街──國際通

ぶるーしーる
こくさいどおりてん
ⓓ BLUE SEAL 國際通店

除了招牌的冰淇淋，另外也販售加
入珍珠的漂浮飲品等適合邊走邊吃
的甜品。可麗餅更多達50種口味。
☎098-867-1450 ⓗ那霸市牧志
1-2-32 ⓛ10～22時30分（週五・六・
夏季為～23時）ⓗ無休 ⓧ縣廳前站
步行8分 ⓟ無 ⓜⒶⓟP144C3

**香草in芒果＆鹽
金楚糕 460日圓**
香草冰淇淋和切塊芒
果、鹽金楚糕口味絕配

*剛烤好的麵皮
超彈牙 ♥*

りゅうきゅうこーひーかん
ⓔ 琉球珈琲館

以沖繩的傳統茶「泡泡茶」為靈
感的咖啡非常著名。此外也推薦
大量使用沖繩縣產海鮮的海人咖
哩1300日圓。
☎098-869-6996 ⓗ那霸市牧志
1-2-26 ⓛ11～22時30分 ⓗ無休
ⓧ縣廳前站步行8分 ⓟ無
ⓜⒶⓟP144C3

仿照傳統茶的特徵

**福來福來咖啡
540日圓**
加入黑豆及香草等調味的咖
啡上滿滿一層泡泡

新天堂通

ⓕ tituti
OKINAWAN CRAFT
P.31

バウムクーヘン專門店
ふくぎや P.43

西沙獅EISA舞

銀通り

HOTEL
JAL CITY

通

HOTEL
NEW
OKINAWA

HOTEL
KOKUSAI
PLAZA

金楚糕博物館mini

ⓓ ●

ⓔ ●

● おきなわ屋 本店P.29

● Bijou Box P.29

浮島通

● 琉球ぴらす
浮島通店 P.31

接 P26 →

杏仁風味的咖啡拿鐵

---

*濃純牛奶和
鹽味很搭*

まーすやー こくさいどおりてん
ⓒ 塩屋 國際通店

不僅有日本產鹽，也販賣世界各地
鹽品的專賣店。店內有精通鹽的專
家常駐，也可試吃各種鹽。雪鹽巴
黎薄片972日圓也很受歡迎。
☎098-988-1111 ⓗ那霸市久茂地
3-3-16 ⓛ10～22時 ⓗ無休 ⓧ縣
廳前站步行5分 ⓟ無
ⓜⒶⓟP144B3

**雪鹽霜淇淋
380日圓**
宮古島「雪鹽」的微微
鹹味，更能彰顯出奶油
的甜味

こーひーやたい ひばりや
ⓕ 珈琲屋台 ひばり屋

位於巷弄內的露天式咖啡廳，令
人不禁想在花草搖曳的綠色庭園
中品味咖啡，悠閒度過。
☎090-8355-7883 ⓗ那霸市牧志
1-2-12（理容たかまつ裏）ⓛ11時
30分～19時 ⓗ不定休及天候不佳
ⓧ縣廳前站步行10分 ⓟ無
ⓜⒶⓟP144C2

**咖啡nico（冰）
480日圓**
加上杏仁風味的糖漿，宛
如焦糖般帶著微甜口味

📖 國際通的路名，據傳是由以前的老電影院「恩尼派爾國際劇場」而來。

想要的東西在這裡一次買齊？！
沖繩的主要大街——國際通

接續P25

沖繩的平民美食

たこすせんもんてん
たこすやこくさいどおりてん
G タコス專門店
Tacos-ya國際通店

以酥脆口感為傲的墨西哥薄餅包裹住多汁的塔可肉醬等餡料，講究手工的店家。也務必試試墨西哥玉米餅搭配塔可飯的Tacos-ya招牌盤餐650日圓。

☎098-862-6080 住那霸市松尾2-8-13 🕙11～21時45分LO 休無休 交牧志站步行7分 P無 MAP P145D2

塔可飯 580日圓
在白飯上加上墨西哥玉米餅的餡料。麻辣醬讓人胃口大開

手工墨西哥玉米餅
也很熱門

墨西哥玉米餅(1片)
180日圓
炸過的墨西哥薄餅加入大量的生菜和肉醬

爽口的甜味超棒

甘蔗芒果汁
450日圓
香濃的芒果與甘蔗的甜味搭配出絕妙滋味

火龍果汁
550日圓
加入當季果肉，非常順口

おきなわはいびすかす
H 沖繩ハイビスカス

招牌餐點是現點現榨的100%甘蔗汁。獨特的調配再加上新鮮果肉，是最適合炎炎夏季的爽口滋味。純苦瓜汁380日圓也頗受歡迎。

☎098-863-4983 住那霸市松尾2-8-8 🕙10～22時 休颱風天 交牧志站步行9分 P無 MAP P144C3

三越

古酒家 本店 P.113
Shisar Inn Naha

I

国際

H G
郵局
國際通
唐吉柯德
K M
J
L
市場本通
むつみ橋
むつみ橋通り
花笠小粒

那霸市観光服務處
TENBUSU那霸

那霸棕櫚皇家飯店
グランドオリオン通り

龍宮通り

● Grand Blue 那霸店
P.28

接P25

品嘗老店的滋味

むつみばしかどや
I むつみ橋かどや

昭和26年（1951）創業。可品嘗到傳承自前代的古早味沖繩麵。點餐後不到2分鐘便出菜的速度十分驚人。

☎098-868-6286 住那霸市牧志1-3-49 🕙11時30分～19時30分LO(售完打烊) 休週二 交牧志站步行7分 P無 MAP P145D2

掛麵 300日圓
配料只有魚板。豬大骨熬成的湯底口味濃郁

冰淇淋也是
店家自製

おきなわまんまるかふぇ むつみばしどおりてん
沖繩まんまるカフェ
J むつみ橋通り店

まんまるちんすこう工房所開設的咖啡廳。除了招牌的金楚糕之外，也可品嘗自家烘培的咖啡和自製冰淇淋等。

☎098-867-7708 住那霸市牧志3-1-1 🕙11～18時30分 休無休 交牧志站步行8分 P無 MAP P145D2

雙色冰淇淋 270日圓
加入金楚糕碎片的牛奶冰淇淋和巧克力冰淇淋2種口味

國際通MAP

請見下圖

縣廳前站　県庁北口　むつみ橋　蔡温橋　牧志站

むつみ橋交叉路口〜蔡温橋交叉路口450m　步行8分

ふるーついちば
Ⓚ フルーツ市場

奢侈地享用
當季水果

販賣芒果及島產香蕉等熱帶水果。方便當場享用的餐點有鳳梨條120日圓等新鮮水果，是最適合散步時享用的小點心。

☎098-864-2240 住那霸市牧志3-1-1 ⏰9〜21時 休無休 交牧志站步行7分 Ｐ無 MAP P145D2

熱帶綜合刨冰
500日圓
可一次享用到火龍果等多種熱帶水果，非常奢侈

まつばらやせいか
Ⓛ 松原家製菓

濕潤美味的口感
經典的沖繩點心

戰後不久開業的老店，由販賣黑糖飴起家，如今販賣品項由沖繩婚喪喜慶用的零食，到色彩鮮豔的西式甜點、融合和洋風味的甜點等，令人目不暇給。

☎098-863-2744 住那霸市松尾2-9-9 ⏰9〜20時（每月7日為〜18時）休不定休 交牧志站步行6分 Ｐ無 MAP P145D3

開口笑
1個60日圓
以沙拉油油炸的沖繩傳統點心，有黑糖、紅芋等7種豐富口味

海想 國際通店 P.28
琉球醬油屋 P.43
牧志公園
單軌電車（沖繩都市單軌電車）
安里川
Fami
工房 花時 P.43
牧志郵局
ホテル南西観光
牆壁上的手刀
蔡温橋
牧志站
壺屋燒的西沙獅
0　50m
通

まーみやかまぼこまきしてん
Ⓜ マーミヤかまぼこ牧志店

塞著滿滿的
美味炊飯

石垣島老店「八重山かまぼこ」的直營店。推出海鹽、石蓴等多種口味的魚板，適合做為散步途中的小點心。

☎098-863-2186 住那霸市牧志3-1-1 ⏰9〜18時 休無休 交牧志站步行5分 Ｐ無 MAP P145D2

飯糰魚板（ジューシー）
200日圓
將沖繩風炊飯「ジューシー」包入魚板中！是光吃1個便能飽足的大分量

しまーず かふぇ
Ⓝ SHIMER'S CAFE

舒緩一下
逛累的身體

供應特製！彩色塔可飯690日圓、手工甜點等多樣菜色。本日午間套餐1000日圓（至16時）也深獲好評。

☎098-941-5006 住那霸市牧志3-15-51 ⏰11時30分〜21時（週日〜二為〜18時LO）休無休 交牧志站步行即到 Ｐ無 MAP P145E2

優格冰沙
550日圓
使用芒果果肉及芒果汁，濃郁的甜味具有療癒效果

 每年8月舉辦的「萬人EISA舞蹈隊」的會場就在國際通！壯觀的舞蹈表演震懾人心。

國際通一帶發現的
可愛沖繩小物

在此介紹可愛又時尚、令人不禁想炫耀的沖繩雜貨。
國際通及其周邊的小店也很適合順道遊逛。

infinity 各8856日圓
印上沖繩的傳統紡織
品Minsa花紋的設計令
人印象深刻 C

迷你白壽西沙獅
（一對）1620日圓
沖繩紅瓦 1080日圓
石敢當 108日圓
西沙獅可愛的表情讓心
都暖了起來。購買一對
還會附送草蓆 E

枯葉蝶項錬
6264日圓
以銀飾和琺瑯設計出沖
繩的天然紀念物「枯葉
蝶」 A

筒形化妝包
980日圓～
很適合放入飾品及硬
幣等小東西 D

沖繩手帕 1080日圓～
居然有多達120種設計！
有整面花樣和插畫風2種
風格 D

鯨魚牙齒短錬
4片葉 7300日圓
使用稀少的抹香鯨
牙齒，錬子部分為
手工編製 A

かいそう こくさいどおりてん

海想 國際通店 A

販賣以虹魚和儒艮等海洋生物為概
念製作的商品。除了有許多天然素
材的飾品，如經過師傅加工的鯨魚
牙齒等，也販售銀製飾品和服飾。
☎098-863-7117 ❻那霸市牧志2-7-22
🕙10～22時 休無休 ✕牧志站步行即到
Ｐ無 MAP P145E2

あろは しょっぷ ぱいかじ

ALOHA SHOP PAIKAJI B

沖繩發跡的夏威夷風品牌「PAI
KAJI」唯一的直營店。品質精細深
獲好評，帶有成熟度假風的時尚夏
威夷設計，也很適合與日常穿著做
搭配。
☎098-863-5670 ❻那霸市牧志2-3-1
🕙10時30分～22時（11～2月為～21時）
休無休 ✕牧志站步行5分 Ｐ無
MAP P145D2

ぐらんぶるー なはてん

Grand Blue 那霸店 C

將沖繩形象自然嵌入原創銀製飾品
中，以富饒的大自然、平緩的海洋
線條、沖繩的傳統工藝等為概念，
打造出極簡又洗鍊的設計，盡是讓
人想長久使用的工藝品。
☎098-861-5656 ❻那霸市牧志3-9-40
🕙10～20時 休無休 ✕牧志站步行5分
Ｐ無 MAP P145D2

還有許多
將卡通人物結合
沖繩風的商品

有おきなわ屋限定的西沙獅凱蒂貓玩偶（粉紅）1080日圓（照片）、史迪奇等耳熟能詳的角色變身為沖繩風模樣。於**おきなわ屋本店**等處販售。
☎098-860-7848 **MAP**P144C3

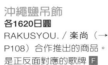

沖繩鹽吊飾
各1620日圓
RAKUSYOU. / 楽尚（→P108）合作推出的商品。是正反面對應的歌牌 F

s-r 各8424日圓
嵌入天然星砂的墜飾。也有另外販售的項鍊2160日圓～ C

うーとぅとぅ（花・森・海）
各648日圓
祈求自然生生不息的奇特角色，圓圓的外形十分可愛 E

沖繩趣味歌牌
1620日圓
寫著沖繩方言的獨特歌牌，無厘頭的插畫也相當有趣 F

彌勒(小)
各756日圓
以沖繩的神明「彌勒神」為發想，重點在每一個玩偶的表情都不同 F

女裝夏威夷風洋裝
（Hibiscus Parade）
10584日圓
充滿熱情的盛夏氣氛，純棉素材的連身洋裝 B

くくる しまゆいてん
KUKURU 島結店 D

以活潑的織紋描繪出沖繩的自然及生物而備受歡迎的布料品牌。除了沖繩手帕外，還有髮圈540日圓和扇子2980日圓等多種日常雜貨。可以將這些以沖繩為靈感製作的商品做為伴手禮帶回家。
☎098-988-0236 住那霸市久茂地3-2-23 ◐9～22時 休無休 交縣廳前站步行3分 ℗無 **MAP**P144B3

びじゅーぼっくす
Bijou Box E

販售商品以親子、夫妻等多種造型打造的西沙獅為主，以及從沖繩方言為發想創造出的個性角色。繽紛活潑的擺飾散發出溫暖人心的氛圍，深具魅力。此外也推出吊飾型小物。
☎098-863-9520 住那霸市牧志1-2-32 ◐9～22時 休1月1・2日 交縣廳前站步行10分 ℗無 **MAP**P144C3

がんぐろーどわーくす
玩具ロードワークス F

琉球的紙糊創作家豐永盛人先生的店鋪。除了有使用傳承自古代的琉球紙糊技法創作出的原創作品之外，也有販賣復刻的傳統紙糊玩具，讓人不禁被吸進充滿品味的前衛世界。
☎098-988-1439 住那霸市牧志3-6-2 ◐10～18時 休週日 交牧志站步行10分 ℗無 **MAP**P145D3

隨著沖繩當地的特攝英雄「琉神戰隊（琉神マブヤー）」蔚為流行，伴手禮店等處販賣的琉神戰隊商品也成為人氣焦點。

從國際通拐進小巷
隱密的巷弄雜貨店

「新天堂通」和「浮島通」，從國際通轉個彎來到這2條小巷弄
隨處可見獨具氣氛的小店，在這裡一定能與迷人的雜貨邂逅。

將擁有50多年歷史的民宅改建而成的店面，洋溢著手作氛圍

新天堂通

ざっか とぅくとぅく

zakka TUKTUK ❶

純手工製造的
溫馨可愛小雜貨

以活躍於沖繩的藝術家作品為主，也販賣收購自國外的雜貨等，以及琉球玻璃、金飾工藝等傳統工藝品，充滿現代感的雅致風格極具魅力。

☎098-868-5882　住那霸市牧志1-3-21　⏰12～20時　休週三・四(有臨時休)　美榮橋站步行5分　P無　MAP P144C2

小鳥造型筷架
1296日圓
香月舍的陶製作品，不禁被它溫暖樸實的外型所吸引

鉛筆盒 2700日圓
MIMURI的作品。以沖繩植物為創作靈感的鮮豔設計

サングヮー耳環
4320日圓
喜舍場智子(☞P109)的作品。以沖繩的除魔結為造型靈感

髮圈
各1944日圓
NeNe的作品。由七彩繽紛的網紗和棉布構成的髮飾引人矚目

巷弄裡的咖啡廳
也十分典雅呢
位於新天堂通上的Cinnamon
cafe。白色基調的手作風空間十分
舒適宜人。
☎098-862-2350 **MAP**P144C2

浮島通
ら くっちーな そーぶ ぶてぃっく
LA CUCINA SOAP BOUTIQUE ②

呵護肌膚的南國素材琉球美妝品

只使用嚴選天然素材，以不經加熱的傳
統工法手工製作肥皂，頗受好評。沐浴
鹽和香氛精油等商品種類也相當豐富。

☎098-988-8413 **住**那霸
市松尾2-5-31 **時**13~20
時 **休**週三 **交**縣廳前站步
行10分 **P**無
MAPP144C3

店內飄散著天然香氛的溫和香氣

沖繩系列香皂
各1296日圓
使用優質素材製作的洗臉皂，有
具美容功效的月桃、青木瓜等口
味

度假香氛沐浴鹽
各360日圓
在沖繩的海鹽中加入
天然香氛，洋溢著度
假氛圍的入浴劑。有
海洋味等共5種

新天堂通
てぃとぅてぃ おきなわんくらふと
tituti OKINAWAN CRAFT ③

將沖繩工藝以全新面貌展示

藉由紅型染、陶藝等融入日常生活的作
品，將沖繩工藝的魅力發揚光大。一定
能在此找到想珍惜使用一輩子的珍品。

☎098-862-8184 **住**那霸
市牧志1-2-6 **時**11~19
時 **休**週三 **交**美榮橋站步
行8分 **P**無
MAPP144C2

也有和不同領域的藝術家合作的作品

彩虹馬克杯 **2376日圓**
杯盤 **1836日圓**
金城有美子的作品。自然的手感
和便於使用的輕巧重量非常棒

散步提袋
（道屯織）
4752日圓
長地朋子的作品。
使用沖繩的傳統
織法製作，顏色
也有多樣選擇

浮島通
りゅうきゅうぴらす うきしまどおりてん
琉球ぴらす 浮島通店 ④

可活用於日常生活的沖繩風單品

主要販售與活躍於沖繩縣內的插畫家和
紅型染作家等人合作推出的T-shirt。也
千萬不可錯過繪有圖樣的島拖鞋等沖繩
風服飾雜貨。

☎098-863-6050 **住**那霸
市松尾2-5-36 **時**11~20
時 **休**不定休 **交**縣廳前站
步行10分 **P**無
MAPP144C3

集結了大人也喜愛的藝術設計

T-shirt
（山原秧雞）
3564日圓
當地陶藝香月禮
的畫作。使用發泡
印刷繪製的雲朵也
是重點

彩繪島拖鞋
（九重葛）
2376日圓
在島拖鞋上以手工繪
製花紋的熱銷商品，
還有烏龜等圖案

---

i 櫻坂周邊（**MAP**P145D3）的小巷弄也是重點。充滿昭和風情的街道上散布著年輕人取向的酒吧，可以融入當地的夜生活。

滿滿的沖繩限定食材
到「市場」探險去

沖繩最具代表性的市場——那霸市第一牧志公設市場，也被稱為那霸的廚房。
這裡陳列著獨具特色的食材，不妨來一窺深入當地生活的寶地吧。

和氣做鄰居的
魚板專賣店

就是說啊～
不知道明天
如何呢～

哎呀，今天
也很忙呢～

【和ミート】
我們家的東坡肉很好吃喔～

跟阿姨對話也很開心

【泡盛之店 琉夏】
店貓是市場裡的明星

可以在市場的館外遇見牠

好像熱帶魚！

【みき屋】
順口好喝！
米做的飲料140日圓

只有在這裡可
以用瓶裝品嚐

⑤烹煮中味汁時不
可或缺的豬腸⑥沖
繩限定的點心堆疊
成一座小山

最熱門的紀念照景點

想更瞭解
市場風情的人
請看這裡

如果在市場觀光時迷失方向，可以前往服務便利的那霸市觀光服務處。從如何前往市場到店家資訊，這裡都有擔任志工的街角導覽細心指示。
☎098-868-4887 MAP P145D2

【かつ亭 豐年】
可以品嘗到什錦炒苦瓜800日圓等

【平田漬物店】
也有使用苦瓜製作的奇特醬菜

梅　黑米　ヤキまる　ドライカレ

1 走在拱廊商店街上前往市場
2 2樓是美食街 **3** 也提供試吃服務 **4** 市場散步時的小點心

【富村かまぼこ】
知名度上升中的爆彈魚板

參觀時間
30分

なはしだいいちまきしこうせついちば
那霸市第一牧志公設市場

深度認識沖繩
最具代表性的市場

市場內擺滿了色彩鮮豔的魚隻、肉類及蔬菜等南國食材，超過100家以上的店舖在此雲集，散發出喧鬧的獨特氛圍。2樓更有食堂櫛次鱗比，只要支付烹調費用，即可請店家「代客料理」在1樓購買的食材。

☎098-867-6560（管理事務處）·098-862-9989（組合事務處）住那霸市松尾2-10-1 ◐8～22時（11～3月為9～21時）※隨店舖有所調整 休第4週日（視店舖而異）P無 交牧志站步行8分 MAP P145D3

「代客料理」是？

就是將1樓魚店購買的食材，請2樓餐廳代為調理的運作模式。付食材費用＋調理費用（1人3道以內500日圓），即可當場品嘗新鮮滋味。若以某天的情況做舉例…

●食材…2500日圓
　鳥尾　1條
　鸚哥魚1條
　斑節蝦1尾
●調理費用…500日圓
合計3000日圓（1人份）

● 市場周邊的熱門店家清單！

あげぜん
揚げ善

以蒜頭粉末提香的炸雞店「揚げ善」以香檸口味350日圓最受好評。麵糰使用樹薯粉、口感宛如炸麵包的炸珍珠有著Q彈的口感。蔗糖的溫和甜味更是一絕。

☎098-862-5246
住那霸市松尾2-11-16 ◐11～19時左右 休週三·日 P無 交牧志站步行8分 MAP P145D3

炸珍珠1個100日圓（下）
招牌炸雞300日圓～（上）

ごやてんぷらや
呉屋てんぷら屋

沖繩天麩羅的特色在於厚厚的麵衣與不同於傳統日式的油炸法。在沖繩是屬於點心類的小吃，只要一個日圓硬幣及可買到的親民價格也讓人備感窩心，推薦一次購買多種口味更加比較。

☎098-868-8782
住那霸市松尾2-11-1 ◐8～18時 休無休 P無 交牧志站步行8分
MAP P145D3

有魚及花枝、海藻等的天麩羅50日圓～

ぱーらーきんじょー
パーラーKinjo

在當地人氣不墜超過20年的果汁攤。苦瓜綜合果汁300日圓（照片下）中加了蘋果，恰到好處的苦味非常好喝。敢嘗試的人則推薦純苦瓜汁500日圓。

☎098-862-9462
住那霸市牧志3-1-24 ◐9～20時 休無休 P無 交牧志站步行7分
MAP P145D3

香檸汁150日圓（上）

每月的18日前後為「市場之日」，市場會舉辦演唱會等活動，可以見識到比平常更熱鬧的景象。

王國時代的氛圍餘韻繞樑
漫步在壺屋陶器街

所需時間 約2小時

位在國際通不遠處的壺屋，是從琉球王國時代延續至今的燒陶小鎮，
也是壺屋燒的產地。就來此一面感受復古風情，一面欣賞陶器之美吧。

壺屋陶器街是什麼樣的地方

擁有330年歷史的燒窯廠

壺屋的起源是在天和2年（1682），
由琉球王府將各地的燒窯廠聚集於此
而開始。陶器街為貫穿壺屋中心的石
板路，全長約400公尺，沿路兩旁有
許多直營店林立。近年來以年輕陶藝
家創作出的作品備受矚目。

洽詢 那霸市觀光服務處
☎098-868-4887
交通方式 牧志站步行15分
P 130輛
MAP P145E3～4

▶通道的入口附近立有
陶器街的指示牌

在擺著西沙獅的「育陶園 陶芸道場」前休息一下

なはしりつつぼややきものはくぶつかん

那霸市立
壺屋燒物博物館 ❶

能更深入認識沖繩陶器
進而增廣見聞的博物館

透過壺屋燒介紹沖繩的燒陶歷史、技
法以及製作工程等。館內保存並展示
著興建該博物館時所挖掘到的古窯，
還有解說壺屋今昔光景的放映廳等，
提供豐富的壺屋資訊。

☎098-862-3761 **住**那霸市壺屋1-9-32
¥315日圓 **⏰**10時～入館17時30分 **休**週一
（假日除外）**交**牧志站步行15分 **P**3輛
MAP P145E3

❶展示著人間國寶金城次
郎的作品等珍貴藝術品 ❷
修復戰前的壺屋民宅，介
紹當時的生活與壺屋燒的
相關知識

壺屋有很多
貓咪喔！

國際通　那霸市立
壺屋燒物博物館 ❶　育陶園 陶芸道場 ❸　うちなー茶屋
ぶくぶく ❺　姬百合通
南窯　東又窯
平和通　❷ guma-guwa
craft house Sprout ❹　壺屋陶器街

◀用手拿拿
看，試一下
手感如何

西沙獅形狀的筷架。
1個972日圓

伴手禮

可做為牙籤筒、
單輪花瓶使用的
迷你壺（青花瓷）
1080日圓

❶陳列著重視機
能性的作品
❷店名是「小巧」
的意思。店鋪小巧
而精緻，誠如其名

ぐまーぐわぁー
guma-guwa ❷

年輕陶藝家的作品琳瑯滿目

由老窯場陶育園的年輕陶藝家秉
持著「希望能喚起年輕世代使用
壺屋燒」的理念而開設。融合了
壺屋燒的傳統與年輕氣息的陶藝
品，讓人想運用於日常生活中。
買個可愛的西沙獅筷架等做為伴
手禮如何呢？

☎098-955-4685 住那霸市壺屋1-16-
21 ⏰10時30分～18時30分 休無休 交
牧志站步行15分 P無 MAP P145E3

いくとうえん とうげいどうじょう
育陶園 陶芸道場 ❸

挑戰製作西沙獅

從捏土到形塑手腳和尾巴，雖然乍
看有些困難，但有講師在旁細心指
導。所需時間約1小時，之後需經
窯烤，約1個月後完成。運費另付
即可配送到府。

☎098-863-8611 住那霸市壺屋1-22-
33 ¥製作站立西沙獅3000日圓（若未額
滿則可當日預約※2015年後預計調整費
用）⏰9～17時30分（體驗為10時、11
時、12時、14時、15時、16時）休無休
交牧志站步行18分 P4輛 MAP P145E3

▲從老師傳到年
輕師傅，陶藝家
的年齡層相當廣

伴手禮

❶陶器的項鍊各2484
日圓 ❷小鳥造型筷架
1個360日圓

くらふとはうす すぷらうと
craft house Sprout ❹

風格多樣的陶器齊聚一堂

販售壺屋燒等，蒐集沖繩各地陶
器的複合精品店。敞開大門的入
口讓人能放鬆造訪，非常貼心。
此外，店內也販賣木工製品、紅
型染等燒陶以外的作品及店家的
自創商品等。

☎098-863-6646 住那霸市壺屋1-17-3
⏰10～19時 休不定休 交牧志站步行17
分 P無 MAP P145E4

小憩片刻

うちなーちゃや ぶくぶく
うちなー茶屋 ぶくぶく ❺

來杯獨特的傳統茶品溫暖身心

傳統茶「泡泡茶」可搭配沖繩點心
一同享用。店面改裝自擁有60多年
歷史的木造獨棟建築，可從窗戶眺
望列為重要文化財的東又窯及新垣
家住宅。

☎098-861-2952 住那霸市壺屋1-28-3 ⏰10
時～17時30分LO 休不定休 交牧志站步行20
分 P無 MAP P145E4 ※限小學生以上入店

❶沖繩傳統點心
炮炮與泡泡茶的
套餐1200日圓 ❷
前身為廣播電
台，造型罕見的2
樓層屋瓦建築

歡迎來
挑戰製作
西沙獅

▲最後的收尾，畫上眼睛
就完成了

大功告成

野村彩百合小姐
陶藝教室講師

純手工打造的
原創西沙獅

每年的11月3日前後會舉辦「壺屋陶器街祭典」，會有免費的拉胚體驗及各店舖的折扣拍賣等活動。

凝聚著琉球王國的歷史
世界遺產，首里城的魅力

過去曾是繁榮的王城，如今則搖身一變成為世界遺產。
無論何時都是目光焦點的首里城，永恆的魅力震懾人心。

cocomiru②
龍頭棟飾

正殿的屋頂上有著以燒陶製成的3尊龍頭，稱為龍頭棟飾。其中正面的龍頭擁有伸長的身軀。

cocomiru①
大龍柱

佇立在正殿前的台階兩側，高約4.1公尺的龍雕柱。以龍本身做為柱子的情況相當少見，被視為沖繩特有的雕柱。

cocomiru③
浮道

連接正殿和奉神門的道路。做為神聖大道而設置於正殿前，只有國王和冊封遺使可通行。

首里
しゅりじょう
首里城

世界遺產

極盡繁華的450年歷史
映照出耀眼朱紅色的美麗王城

在1429年到1879年之間做為琉球王國據點的首里城。在沖繩各地的御城之中為最大、最堅固並兼具優雅的建築，具備首都的風範。雖然在昭和20年（1945）因沖繩戰役而燒毀，經修復後在1992年開放參觀正殿。

首里城DATA

☎098-886-2020（首里城公園管理中心）
住那霸市首里金城町1-2 ¥820日圓 休7月第
1週三及其翌日 P收費116輛 MAP P157B3

開園時間（付費區域的入園時間為閉館前30分）		
期間	免費區域	付費區域
4～6月、10～11月	8：00～19：30	8：30～19：00
7～9月	8：00～20：30	8：30～20：00
12～3月	8：00～18：30	8：30～18：00

●首里城的交通資訊
那霸機場搭乘單軌電車27分，首里站下車，步行
15分

✎夜間點燈（全年）
從日落到晚間12時會打上燈光，浮現於黑夜中的朱紅色建築散發出神祕氣息。

cocomiru④
2層樓建築？
乍看像2層樓，實際上是3層樓建築，這也是首里城獨特的建築樣式。不過3樓是為了通風而設計的閣樓。

cocomiru⑤
御庭
舉行各種儀式典禮的廣場。鋪成條紋狀的棕色地磚是用來做為舉行典禮時各個官員的位置標示。

這裡也是重點！

◆ 正殿玉座
位於正殿1樓，被稱為御差床的寶座。正殿的1樓為政治，2樓為皇室舉行典禮之用。

◆ 龍樋的龍頭雕刻
瑞泉門前設置了一尊龍樋，水源會從龍頭雕刻的口中湧出。這尊龍頭雕刻是1523年當時所保存下來的。

 關於首里城的知識

首里城是在何時建造的呢？
建造年代不明，據傳是在14世紀左右。首里城開始做為王城，則被認為是在1360年左右，琉球王國的前身中山國將國王的居城自浦添城遷移至首里城

正殿內1樓的部分地板鋪設成玻璃，可以一窺昔日首里城的遺跡

與日本的城郭哪裡不同？
首里城是以中國的紫禁城為範本，並非天守閣。不過仍隨處可見像唐破風等的日本建築樣式，也可說是融合了日本、中國、琉球風格的建築。

具備日本建築的特徵——唐破風的樣式

2014年1月，正殿東側的設施陸續修復完成開放參觀
2014年1月，黃金御殿、寄滿、近習詰所和奧書院皆修復完成並開放參觀。這些都是屬於皇室的生活空間——御內原建築的一部分，一窺過去皇室的生活方式。

作為皇室客廳使用的黃金御殿

◆ 早晨儀式「御開門」
在付費區域的開園時間5分前，奉神門前會有身著古代官員服飾的工作人員一面敲鑼一面喊「御開門」（Ukeijou）來宣告開館。首里城的一天就從這個儀式開始。

 部分城牆是使用首里城過去的砌石城牆所建，可在右掖門附近看到。

備受矚目的朱紅色木造建築。
琉球王國的御城，首里城散步

來探訪昔日的王城、現已列入世界遺產的首里城。
爬上古城的石階、穿過幾道城門，正殿就在眼前迎接遊客到來。

◆ cocomiru
匾額
因為這塊寫著
「守禮之邦」
的匾額，而被
稱作守禮門。

START!

首里站

步行15分

1 守禮門 しゅれいもん

最先映入眼簾的華麗城門
佇立在城郭外，仿照中國的牌
樓形式建造的城門上鋪著紅色
瓦片，是具有沖繩風格的建
築。首禮門建造於16世紀中，
雖在沖繩島戰役中燒毀，於昭
和33年（1958）修復完成，從
此成為沖繩觀光的一大象徵。
描繪於2000日圓紙鈔上的雙層
門簷十分迷人。

步行即到

2 園比屋武御嶽石門 そのひゃんうたきいしもん 〔世界遺產〕

雖為一扇小門，
過去國王也必須駐足行禮
使用琉球石灰岩建造的小石門。據
說是在1519年建造。門後方是一片
被視為聖地的廣闊森林，據說每當
國王要出城時，都會在此祈求路途
平安。為日本的重要文化財。

步行
2分

3 瑞泉門 ずいせんもん

城池內第二道紅色櫓門
走過歡會門後，佇立在陡峭石階
上方的櫓門。門的前方有被稱為
龍樋（☞P37）的湧泉，也成為
這道城門的名稱由來。建造於
1470年左右，現在的門則是1992
年修復完成的結果。

需時2小時	起點	①	②	③	④	⑤	⑥	⑦	終點
首里城行程導覽	●單軌電車首里站	守禮門	園比屋武御嶽石門	瑞泉門	御庭	書院・鎖之間	正殿	北殿	●單軌電車首里站
	步行15分	步行即到	步行2分	步行5分	步行3分	步行3分	步行2分	步行1分	步行15分

❋付費區域❋

可免費觀賞琉球舞蹈

奉神門前，位在下之御庭的系圖座、用物座會舉辦「與舞相約」的活動，免費表演琉球舞蹈。舉辦日程為週三、五、六、日及假日的11時、14時、16時。所需時間約30分。

那霸・首里 ●

琉球王國的御城，首里城散步

5 しょいん・さすのま 書院・鎖之間

在王子的休息室品嘗茶點

在王子招待貴賓專用的鎖之間，品嘗花ぼうる等沖繩的傳統點心，搭配香片茶310日圓細細品味。

🕘9時30分 17時30分LO

步行3分

6 せいでん 正殿

仔細欣賞絢爛豪華的寶座

正殿位於主宰政治和皇室儀式的首里城中心，做為國王寶座的御差床是觀光重點。特別是2樓的御差床旁還佇立著金色龍柱，感受得到國王的威嚴。

鹽吊飾 2268日圓
吊飾內裝有鹽巴，有護身符的功效

步行1分

髮圈 540日圓
是沖繩特有的紅型染花樣

7 ほくでん 北殿

販售原創伴手禮

過去曾做為行政中心，現在則展示著相關史料等，商店裡販賣首里城的原創商品等。

步行15分

步行2分

4 うなー 御庭

四面八方由建築物所包圍的廣場

被正殿、南殿・番所、北殿、奉神門包圍的廣場，從正面看去的正殿外觀規模壯觀。一年中有許多儀式皆在此舉行。棕色的地磚呈條紋狀排列。

GOAL!

首里站 🚌

往首里站

東のアザナ
北殿　御庭
付費區域 7　正殿
供屋・萬國津梁之鐘（複製品）淑順門
圓覺寺總門與放生橋　右掖門
日影台　廣福門
漏刻門　奉神門
弁財天堂　下之御庭
久慶門　售票處　系圖座・用物座
龍樋　3 瑞泉門
歡會門　木曳門　西のアザナ
園比屋武御嶽石門 2　輪椅專用坡道　首里城南口
※世界遺產
守禮門 1　巴士停車場入口
龍潭
首里杜館（首里城公園休息中心）
往首里站
訪客大廳　首里杜館停車場
巴士及一般車輛停車場入口
首里城前
z/N 參觀行程
此為首里城公園的專用停車場入口
往玉陵　首里城公園管理中心

黃金御殿・寄滿・近習詰所、奧書院
5 書院・南殿・番所鎖之間
京之內

步行5分

✼此區為✼ 付費區域

建築物的一部分兼具大功功用的奉神門。從這裡開始為付費區域。

 重現王國時代的首里城活動，1月1～3日為新春之宴，10月下旬則有首里城祭等，不妨配合活動時間一同參觀。

穿越時空回到王國時代
首里城周邊的古都巡禮

首里城附近座落著許多令人遙想起王國時代的古蹟。
不妨與首里城公園做搭配，來場充實的古都漫步吧。

所需時間
3小時

START!

首里城
（守禮門）
步行10分

1

石敢當

3

過去曾是沖繩
數一數二的寺廟

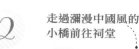

走在擁有500年
歷史的古道上

就在附近的
能量景點

大茄苳樹
從石板路步行約5
分的聖地內，有5
棵樹齡超過200年
的大茄苳樹自然
生長。為日本的
天然紀念物。

2

走過瀰漫中國風的
小橋前往祠堂

---

1 しゅりきんじょうちょういしだたみみち
首里金城町石板路

保存至今的王國時代古道

約500年前建造的真珠道（まだまみち）
是連結首里城與那霸的主要幹道。一部
分石板路保存住當時風貌。雖然這是一
條較陡的坡道，沿路兩旁有修復完成而
開放參觀的紅瓦屋舍，方便遊客休憩。

☎098-917-3501(那霸市文化財課) 住那霸
市首里金城町 時自由通行 交首里站步行30分
P無 MAP P157A3

2 べざいてんどう
弁財天堂

在水池上的小祠堂

建在圓鑑池中的小島上，祠堂裡
面祭祀著弁財天。橫跨至島上的
天女橋則有著中國南方的建築特
色。已列入日本的重要文化財。

☎098-886-2020(首里城公園管理中
心) 住那霸市首里真和志町 時自由參
觀 交首里站步行12分 P無
MAP P157B3

3 えんかくじそうもん
圓覺寺總門

王室的菩提寺遺址

建造於1494年的圓覺寺。過去
曾有七堂伽藍的壯觀建築，但在
沖繩島戰役中遭到破壞。現在的
總門等為修復後的建築。

☎098-886-2020(首里城公園管理中
心) 住那霸市首里当藏町 時自由參觀
交首里站步行12分 P無
MAP P157B3

藉由租借自行車
輕鬆遊古都
遊逛首里以「旅行自行車」最為方便。電動自行車2小時1000日圓。
【eレンタルサイクルポタリング首里】
☎098-963-9294 **MAP**P157C3

森林的另一頭
就是首里城

洋溢著
沉穩的氛圍

那霸・首里 ● 首里城周邊的古都巡禮

在這裡
小憩片刻

挑戰製作
泡泡茶上的泡泡

古都首里の嘉例山房 ⑤ ④龍潭
龍潭通り
池端
往儀保站
沖繩都市單軌電車
（單軌電車）
首里站
往儀保站
N
200m
首里高
県立芸大
当蔵
③圓覺寺總門
守禮門
鳥堀
玉陵 ⑥
START 首里城公園
弁財天堂 ②
eレンタルサイクル
ポタリング首里
首里金城町
石板路 ①
興禪寺禪堂
首里城
赤マルソウ通り
往那霸IC

---

4 りゅうたん
龍潭

映照著出首里城的人工池塘

建于1427年的人工池，當時為一般民眾休憩的場所，而在接待中國使者時，則會將船隻行駛至此，並在船上舉行宴會。現在池塘周邊的步道規劃完善，可享受散步樂趣。
☎098-886-2020（首里城公園管理中心）
住那霸市首里真和志町 交自由參觀 交首里站步行12分 P無
MAPP157B2

---

5 ことしゅりのかりーさんふぁん
古都首里の嘉例山房

茶泡宛如小山的奇妙茶品

將煎炒過的米以茶筅起泡，再倒於茶上。雖然有著奇特外觀，據傳泡泡茶可是過去深受武士階級喜愛的茶品。
☎098-885-5017 住那霸市首里池端町9 ⏰10～18時 休週二・三（逢假日、新年期間則營業）交首里站步行13分 P4輛
MAPP157B2

---

6 たまうどぅん
玉陵

世界遺產

王室長眠的世界遺產級陵墓

1501年由尚真王建造，自此之後成為王室的陵墓，約有70尊歷代國王和王族等安葬於此，不妨仔細看看安置在陵墓上頭，擁有奇特表情的西沙獅。
☎098-885-2861 住那霸市首里金城町1-3 ¥300日圓 ⏰9～17時30分截止入場 休無休 交首里站步行18分 P無
MAPP157A3

 「首里城下町線」為連接首里站和首里城公園的巴士路線。行駛班次多，相當便利。車資為1次150日圓。

不妨到這裡走走！

那霸・首里的推薦景點

なはしれきしはくぶつかん
那霸市歷史博物館

可欣賞王國時代的國寶

展示以「王朝文化和城市的歷史」為主題的歷史資料。務必欣賞由琉球國王尚家捐贈的國寶級衣物和美術品等。珍貴的王冠一年僅有2次在黃金週及文化之日前後開放參觀。**DATA** ☎098-869-5266 住那霸市久茂地1-1-1Palette久茂地4F ¥300日圓 時10～19時 休週四(有臨時休館) 交縣廳前站步行即到 P利用Palette久茂地的收費停車場 MAPP144A3

おきなわけんりつはくぶつかん・びじゅつかん
沖繩縣立博物館・美術館

學習沖繩的歷史、文化和美術

博物館主要介紹沖繩的歷史、自然、文化。美術館內則展示與沖繩相關的藝術家作品為主。**DATA** ☎098-941-8200 住那霸市おもろまち3-1-1 ¥博物館410日圓、美術館310日圓(企劃展另計) 時9～18時(週五・六為～20時)※入館為閉館前30分 休週一(遇假日則開館、翌平日休館) 交歌町站步行10分 P140輛 MAPP143D1

博物館戶外展場的民宅(中央)為必看館藏

呈現出踏上沖繩土地的概念。館內隨處皆可學習沖繩的歷史、文化

ふくしゅうえん
福州園

將中國福州的風景濃縮成庭園

1992年為紀念那霸實施市制70週年,以及與中國福州市締結友好都市10週年所建造的中國式庭園。庭園內有小山、水池和石塔等造景,重現了福州市的風景。可體驗宛如置身於中國的感受。參觀約需30分左右。**DATA** ☎098-869-5384 住那霸市久米2-29 ¥免費 時9～18時(入園為～17時30分) 休週三(遇假日則翌日休) 交縣廳前站步行6分 P34輛 MAPP142C2

さかえまちいちば
榮町市場

極具風情的懷舊氛圍深具魅力

將戰後復興時期的模樣保存至今,瀰漫著鄉愁情懷的外觀也備受當地人喜愛。在宛如迷宮般的小巷中,有豆腐店、魚板店、咖啡廳等餐飲店林立。獨特的氣氛更是令人興致盎然。**DATA** ☎098-886-3979(榮町市場商店街振興組合) 住那霸市安里381 時9～19時(視店鋪而異) 休週日(部分店家營業) 交安里站步行即到 P無 MAPP143D2

なみのうえうみそらこうえん
波之上海空公園

離機場及鬧區都相當近的海灘區

波之上海灘是那霸市內唯一一座海灘,已重新整修為具備潛水和浮潛專用海灘的複合型海濱公園。離國際通不遠,可從鬧區輕鬆前往海灘戲水也是這裡的魅力之一。**DATA** ☎098-863-7300 住那霸市辻3-10-12 ¥免費入園(部分須付費,須洽詢) 時游泳間4～10月的9～18時(夏季有調整) 休開放期間無休 交縣廳前站步行15分 P800輛(前30分免費,1小時200日圓) MAPP142B2

きゅうそうげんじいしもん
舊崇元寺石門

氣勢磅礡的三連拱門

崇元寺據說是1527年創建的臨濟宗寺院。曾在此祭祀歷代國王的神位,堂宇等建築卻在沖繩島戰役中遭到焚毀。雖然現在腹地內已整修為公園,靠沖繩縣道方向,還有以琉球石灰岩打造的三連拱門保留著昔日風貌,已列入日本的重要文化財。**DATA** ☎098-917-3501(那霸市文化財課) 住那霸市泊1-9-1 時自由參觀 交牧志站步行10分 P無 MAPP145E1

ゆいれーるてんじかん
單軌電車展示館

一探單軌電車的秘密

展示著行駛於那霸市內的單軌電車相關史料,也可以在影像區觀賞單軌電車從無到有的演進。2樓則是鐵路相關的樓層,除了展示鐵路相關的工具外,也有二次世界大戰前在沖繩行駛的輕便鐵路等相關展品。**DATA** ☎098-859-2630 住那霸市安次嶺377-2 ¥免費 時9時30分～16時30分 休週六・日、假日 交那霸機場站步行7分 P30輛 MAPP142A3

えいあんどだぶりゅこくさいどおりまきしてん
A&W國際通牧志店

開在國際通上的美國漢堡店

來自美國的漢堡連鎖店A&W,日本僅於沖繩設店,2014年4月國際通店開幕。3層樓建築擁有足夠的座席,也很適合做為逛街空檔的小憩與會合地點。提供莫札瑞拉起司漢堡450日圓及麥根沙士(R)210日圓等多種熱門餐點。**DATA** ☎098-943-2106 住那霸市牧志2-1-21 時9～22時 休無休 交牧志站步行5分 P無 MAPP145D2

那霸・首里 ● 不妨到這裡走走 推薦景點

りゅうきゅうしょうゆや
琉球醬油屋

將使用沖繩素材製成的調味料帶回家

使用苦瓜、香檬等沖繩特有的食材，製作成醬料、辣油等販賣。以天然海鹽製成風味濃郁的鹽醬油980日圓（照片中）是適合搭配半熟蛋拌飯的熱銷商品。此外也推薦配菜用醬油辣油（照片中右）。※包裝有可能調整。

DATA ☎098-863-5990 **住**那霸市牧志2-7-27 **⏰**10～22時 **休**無休 **交**牧志站步行2分 **P**無 **MAP**P145E2

こうぼう はなとき
工房 花時

浮球搖身一變成為飾品

將做為漁具使用的浮球製作成飾品販售。玻璃師傅一個個細心吹製出的商品中，以浮球吊飾1890日圓一等最受歡迎，有紅、藍、黃、綠、粉紅等共11種顏色，再加上串珠的搭配及編織方式等多種選擇，樂趣無窮。

DATA ☎098-862-8010 **住**那霸市牧志3-12-4 地下1F **⏰**9時30分～21時 **休**無休 **交**牧志站步行2分 **P**無 **MAP**P145E2

くだかみんげいてん
久髙民藝店

沖繩和亞洲的民俗藝品琳瑯滿目

主要以活躍於沖繩縣內的藝術家作品為主，網羅燒陶、琉球玻璃、西沙獅及琉球漆器等多元作品。例如有著可愛圖點的4寸小碟1620日圓，每樣都是深具實用性又能輕鬆融入日常生活的商品，店內還有東南亞的民俗藝品。

DATA ☎098-861-6690 **住**那霸市牧志2-3-1 **⏰**10～21時(週日為～22時) **休**無休 **交**牧志站步行4分 **P**無 **MAP**P145D2

ふくらしゃ
ふくら舎

沖繩手工藝品應有盡有

商品以沖繩手工藝品為中心的精品店，附設於發揚沖繩文化的櫻坂劇場內，提供琉球玻璃、沖繩陶器等活躍於傳統工藝領域等30多名藝術家的作品。兼具傳統與現代風味的作品，盡是能活用於日常生活的優質選擇。**DATA** ☎098-860-9555(櫻坂劇場) **住**那霸市牧志3-6-10 **⏰**10～20時無休 **交**牧志站步行8分 **P**無 **MAP**P145D3

のうれんいちば
農連市場

越晚越熱鬧的市場

從深夜開到清晨，匯集來自沖繩各地的農產品，越晚反而越熱鬧的奇異市場。簡單的古老建築、隨意擺放的蔬菜等，可以藉此深入當地的日常風景。這裡也因曾做為日劇《水姑娘》的外景地而廣為人知。**DATA** ☎098-832-2747 **住**那霸市樋川2-10-1 **⏰**24～12時左右(隨店鋪而異) **休**週六深夜 **交**牧志站步行20分 **P**無 **MAP**P145E4

ばうむくーへんせんもんてん ふくぎや
バウムクーヘン專門店 ふくぎや

沖繩食材大放異彩的國際通新名產

使用沖繩縣產食材製作的年輪蛋糕有榕樹（黑糖）、福木（蜂蜜）、胭脂樹（紅芋）等3種口味。使用專用烤箱每日現做，也可在店面試吃。僅於沖繩販售的S尺寸1180日圓一。**DATA** ☎098-863-8006 **住**那霸市久茂地3-29-67 **⏰**10～22時無休 **交**縣廳前站步行5分 **P**無 **MAP**P144C3

さーたーあんだーぎーのみせ あむろ
さーたーあんだーぎーの店 安室

開業超過30年，沖繩傳統點心的名店

口感濕潤又不會太甜的美食，是連當地人也愛不釋手的平民美食。使用大量的新鮮木醋雞蛋製作，10個裝490日圓（照片）外，還有黑糖10個裝540日圓等3種口味。

DATA ☎098-884-3060 **住**那霸市首里久場川町1-20 **⏰**9～18時 **休**週日 **交**儀保站步行7分 **P**3輛 **MAP**P157B1

ずいせんしゅぞう
瑞泉酒造

創業超過120年的老酒廠

在觀賞完釀造工程的錄影帶後，可試喝泡盛酒的工廠導覽行程非常受歡迎。廠內也販賣酒廠限定的陳年美酒360毫升（價格須洽詢/照片左）。**DATA** ☎098-884-1968 **住**那霸市首里崎山町1-35 **⏰**9時～17時(工廠參觀為9時30分～16時30分截止受理。週六日、假日需事前預約方可參觀) **休**第2·4週六·日、假日 **交**首里站步行10分 **P**10輛 **MAP**P157B3

 單軌電車預計由首里站延伸至浦添市的沖繩自動車道西原IC一帶，目前正朝著2019年通車的目標邁進。

重點看過來！
前往世界遺產的名城
「今歸仁城遺址」
別名「北山城」，特色是連綿不絕的壯觀城牆。
（☞P54）

重點看過來！
在森林中
度過美好的午茶時光
伊豆味區散布著融入廣闊自然環境的迷人森林咖啡廳。（☞P58）

重點看過來！
到沖繩美麗海水族館
與魚兒相見歡♥
在水槽中優雅悠游的鯨鯊和色彩繽紛的熱帶魚非常美麗。（☞P46）

座落著人氣景點的魅力海濱區

本島北部
ほんとうほくぶ

本島北部有許多沖繩麵名店櫛次鱗比

是這樣的地方

北部區域的中心為名護，西北方突出於海面的本部半島則有最受歡迎的沖繩美麗海水族館、海洋博公園，以及列入世界遺產的今歸仁城遺址。此外，還有水果樂園等主題樂園坐落於此。而在景觀景點方面，絕對不能錯過連接古宇利島和屋我地島的古宇利大橋。

本島北部就在這裡！

沖繩美麗海水族館

本島北部

✈那霸機場

access

●由那霸機場到
沖繩美麗海水族館
那霸機場走沖繩自動車道
許田IC、國道58號、縣道84號，約100公里

洽詢
☎0980-47-3641
本部町觀光協會
☎0980-56-2256
今歸仁村經濟商工觀光科
廣域MAP P154～155

~ 本島北部　快速導覽MAP~

以屋我地大橋相連的屋我地島

一片甘蔗田散發出美好的田園氣息。海岸淺灘沿路設有露營地。

2 沖繩美麗海水族館（☞P46）

4 今歸仁城遺址（☞P54）

5 古宇利大橋（☞P55）

3 海洋博公園（☞P51）

1 山原そば（☞P61）

6 慶佐次川紅樹林（☞P62）

熱帶魚自在悠游的小小瀨底島

周長約8公里的小島。海水極為透明的瀨底海灘相當受歡迎。

觀光的提要

須留意因慶典活動引起的大塞車

雖然北部地區的交通量相對來說較少，每逢清明節（4月左右）及舊盂蘭盆節（8～9月左右）等傳統慶典的時節，會有許多車輛開往北部，造成許田IC大塞車，務必多加留意路況。

本島北部

45

推薦的行程時間

7小時

在北部地區建議以車子代步。由機場可走沖繩自動車道，下許田IC，路程約70公里。下許田IC後可行駛國道58號或縣道，遊逛沖繩美麗海水族館、今歸仁城遺址和本部半島吧。

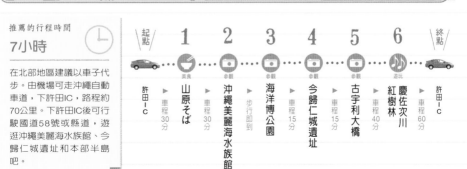

起點 許田IC ▶ **1** 山原そば（美食）▶ 車程30分 ▶ **2** 沖繩美麗海水族館（參觀）▶ 車程30分 ▶ **3** 海洋博公園（參觀）步行即到 ▶ **4** 今歸仁城遺址（參觀）▶ 車程15分 ▶ **5** 古宇利大橋（參觀）▶ 車程15分 ▶ **6** 慶佐次川紅樹林（遊玩）▶ 車程40分 ▶ 終點 許田IC 車程60分

宛如置身於海中世界
歡迎來到沖繩美麗海水族館

這是一座兼具規模與話題性的水族館，擁有鯨鯊、魟魚悠游其中的大水槽等。館外則有海豚表演秀，讓人想花時間沉浸在美麗的海底世界。

世界首創

鯨鯊與鬼蝠魟的複數養育

以繁殖為目的進行複數養育為世界首例，黑潮之海的水槽內有3隻鯨鯊、4隻鬼蝠魟

\ 這裡最厲害！ /
世界第一大的大水槽
黑潮之海

高10公尺、寬35公尺、長27公尺的巨大水槽，鯨鯊、鬼蝠魟、迴游魚類悠游自得的姿態相當震撼。

News!

挑戰熱帶斑海豚的行動觀察

不同於表演，而是觀察海豚的動作。14時～14時30分、14時45分～14時55分、16時45分～16時55分

本部町

おきなわちゅらうみすいぞくかん

沖繩美麗海水族館

世界第一，立下多項創舉
日本首屈一指的水族館

將沖繩從淺灘到水深1000公尺處一帶海域重現的水族館。館內設有色彩鮮豔的魚群悠游的「熱帶魚之海」、充滿神祕感的「深層之海」等各式各樣的水槽，其中最受矚目的便是「黑潮之海」。只有在這個大水槽才能看見鯨鯊與鬼蝠魟一同悠游的景象。水族館還備有水槽及餵食解說等豐富的館內節目，可以在此盡情享受樂趣。

沖繩美麗海水族館DATA

☎0980-48-3748 住本部町石川424（海洋博公園內） ¥1850日圓 ⏰8時30分～18時30分（3～9月為～20時。截止入館為閉館前1小時） 休12月第1週三及其翌日 🚗許田IC車程約1小時 P約1300輛 MAP P154A2

世界第一

鯨鯊的人工飼養記錄

Jinta自1995年3月起開始養育，剛迎接20週年，健健康康地更新紀錄中

世界第一

世界最大的鯨鯊

鯨鯊Jinta身長8.5公尺，包含陸上動物在內，為世界最大的人工養育動物

實用情報

ⓘ沖繩美麗海水族館資訊

Q.交通時間大約多久？
A.
● 開車的情況
【那霸機場】…約2小時10分
【許田IC】…約1小時
● 搭巴士的情況
搭高速巴士由那霸機場前往名護巴士總站，接著轉乘路線巴士於紀念公園前下車。約需3小時。

Q.離水族館最近的停車場在哪？
A.這裡有9處停車場。離水族館最近的是位於北門的P7立體停車場（請見☞P51的MAP）。皆為免費停車。

Q.可以再度入館嗎？
A.如果在水族館出口請工作人員蓋手章的話，當日即可再次入館，想逛逛館外設施時，也別忘了蓋手章喔。

Q.特別擁擠的時段為何？
A.館內人潮最洶湧的時段大約在11～16時左右。過了這個時段的傍晚及剛開館的時段是相對來說較不擁擠的時候。

Q.這裡有餐廳嗎？
A.館內有1間咖啡廳，以及複設型態的餐廳。雖然館內禁止飲食，但若在海洋博公園內則可以攜帶外食進入。

以不同的 ◎角度 ○觀賞黑潮之海！

由上方觀賞 ○

由正上方觀賞 ○

由正下方觀賞 ○

美麗海劇場
除了放映時間外皆可自由參觀，透過屏幕狀的玻璃窗從水槽上方欣賞。不妨坐在椅子上，以看電影的心情觀賞水槽吧。

海洋觀賞區
黑潮之海的一角，呈圓頂狀的區域，可從下方仰望從頂悠游而過的鯨鯊，宛如身在海中一般。

黑潮探險之旅（水上遊覽路線）
可由水槽正上方的看台觀察在腳下悠游的鯨鯊。除了部分時段關閉以外，在開館時間內皆可自由進出觀賞。

📖 黑潮之海的壓克力玻璃的厚度居然厚達60公分。在黑潮之海的左手邊，也有可感受其厚度的展示。

越是深入館內，越為海洋魅力著迷
漫游在沖繩美麗海水族館

由於展場是依照淺灘往深海生態所規劃，可體驗宛如逐步
潛入海中的感覺來欣賞。也別忘了參加解說導覽和館外的海豚秀。

START!

2 珊瑚之海

以接近自然海域的生態人工
養育約70種、800個群體的活
珊瑚。

〈解說時段〉
水槽解說　10時30分、12時30
分、14時30分

3 熱帶魚之海

飼養著約200種色彩繽紛的魚類，可
從6面觀察同一個水槽，透過砂地、
陰暗的洞窟等不同角度，能觀賞到
各種不同的面貌。每到餵食時間，
魚群便會快速地游動，非常熱鬧。

〈解說時段〉
水槽解說　11時、15時30分
餵食解說　13時

可以遇見
這些生物

小丑魚
橘色和白色交錯
的條紋十分可愛

曲紋唇魚
藍色的身體和隆起
的額頭非常吸睛

礁湖的生物

重現珊瑚礁淺灘的觸摸池。除了可
實際觸摸海參和海星，隨時都有解
說員為遊客介紹水槽生態。

〈解說時段〉
由飼育員進行的水槽解說　10時、14時

也可見到
這些生物

藍指海星
有5隻觸角的大
型海星

麵包海星
宛如記憶枕般的
觸感

需時
3小時

起點
●漁夫之門

① 礁湖的生物
② 珊瑚之海
③ 熱帶魚之海
④ 珊瑚礁之旅與珊瑚世界
⑤ 美麗海劇場
⑥ 鯊魚博士展廳
⑦ 黑潮之海
⑧ 咖啡廳 Ocean Blue
⑨ 海洋觀賞區
⑩ 深海之旅（深層之海）
⑪ 商店 Blue Manta
[接著為館外，步行5分]
⑫ 海豚劇場

終點
●漁夫之門

可以遇見
這些生物

來蒐集觀察導覽手冊吧

藉由圖片和說明文，以淺顯易懂的方式介紹關於美麗海水族館內所飼養的生物。共有10種版本在館內免費發放，一面收集一面遊覽水族館也很有趣。

花園鰻
從沙地裡扭動現身的模樣很可愛

花鱸
色彩鮮艷的粉紅色十分引人注目

本島北部 ● 漫游在沖繩美麗海水族館

4

珊瑚礁之旅 珊瑚世界

大大小小30個水槽中，個別展示著生活在珊瑚礁中的多種生物。有重現花鱸等成群結隊的小魚、紅樹林等珊瑚景觀的水槽，目不暇給。

5

美麗海劇場

主要放映沖繩海域的介紹影片。除了上映時間外，其餘時間開放做為休憩空間。可由觀景窗欣賞黑潮之海的水槽。

〈放映時間〉
10時、11時、12時、13時、14時、15時、16時、17時30分（3～9月增加18時30分、週六日、假日增加10時30分、11時30分、15時30分、16時30分場次）

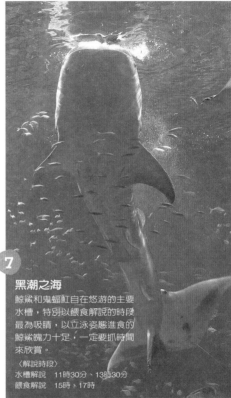

7

黑潮之海

鯨鯊和鬼蝠魟自在悠游的主要水槽，特別以餵食解說的時段最為吸睛，以立泳姿態進食的鯨鯊魄力十足，一定要抓時間來欣賞。

〈解說時段〉
水槽解說　11時30分、13時30分
餵食解說　15時、17時

6

鯊魚博士展廳

將外型嚇人的鯊魚，透過模型、標本、實體來深入淺出地介紹其生態。飼養在水槽內的低鰭真鯊正持續更新世界最久的飼養紀錄中。

參觀大水槽的後台

黑潮探險

可由位於黑潮之海正上方的壓克力甲板上觀賞動物。除了開館時間的部分時段外，都可自由參觀。

〈解說時段〉
10時30分、11時30分、12時、12時30分、13時30分、14時、18時（3～9月增加18時30分場次）

接續 P50

若於16時以後入館，便能享有票價優惠，非常划算。

越是深入館內，越為海洋魅力著迷
漫游在沖繩美麗海水族館

接續 P49

8

咖啡廳Ocean Blue（☞P52）
設立在黑潮之海旁的咖啡廳。可以一面眺望從身邊游過的鯨鯊一面小憩片刻。

從此開始為館外。

11

商店Blue Manta（☞P53）
位於水族館出口附近，陳列著點心和雜貨等原創商品。

注意！
若想之後再回到水族館內，須在出口閘門請工作人員蓋手章

水族館出口步行5分

出口閘門

9

海洋觀賞區
設置在黑潮之海一角的半圓頂型觀賞區。不妨坐在呈階梯狀的空間內，悠閒欣賞在頭頂上穿梭游動的鯨鯊和鬼蝠魟吧。

可以遇見這些生物

桃紅珊瑚
被視為寶石珊瑚而遭到濫捕，數量十分稀少

10

深海之旅
這裡展示了棲息於沖繩海域水深200公尺以下的魚類及甲殼類，有在黑暗中發光的魚類、反射紫外線而發光的珊瑚等，可以來此觀察這些神秘的海中生物。

館內 MAP

起點
P往停車場　紀念碑
漁夫之門

4樓
珊瑚大廳

3樓
① 礁湖的生物
④ 珊瑚世界與珊瑚礁之旅
② 珊瑚之海
水族館入口
覽廳「Inoh」
珊瑚世界

2樓
⑤ 美麗海劇場
⑨ 海洋觀賞區
水邊生物群
③ 熱帶魚之海

⑩ 深海之旅（深層之海）
⑦ 黑潮之海
1樓
快樂海洋研究室
⑧ 咖啡廳Ocean Blue(1F)

⑥ 鯊魚博士展廳
⑪ 商店Blue Manta
水族館出口
往綜合休憩處（美麗海廣場）

⑫ 往海豚潟湖、海豚劇場
海龜館
海牛館

12 海豚劇場

由表演經驗邁入39年的大台柱Oki醬率領的可愛海豚表演秀，非看不可。海豚隨著飼育員的指示，帶來逗趣可愛的歌曲及充滿魄力的大跳躍等豐富多采的才藝表演。

〈表演時段〉
11時、13時、14時30分、16時（3～9月增加18時場次）

也別漏了
「海洋博公園」的各項設施
園內有可欣賞熱帶、亞熱帶花卉果樹的熱帶夢幻中心（照片）等能體驗沖繩魅力的景點。
MAP P154A2

本島北部 ● 漫游在沖繩美麗海水族館

展現力與美的跳躍
也是拿手把戲

使出渾身解數表演的
偽虎鯨Gon醬

潛水表演也是重點
於海豚劇場旁的水池進行表演。介紹海豚的身體能力和生態。免費觀賞。
〈表演時段〉11時50分、13時50分、15時30分（3～9月增加17時30分場次）

海洋博公園 MAP

翡翠海灘
備瀬大門
今歸仁村
沖繩美麗海水族館
海牛館
海龜館
綜合休憩處（美麗海廣場）
水族館出口
北門
海豚潟湖
海豚劇場
水族館入口
兒童樂園 最近！
P7
綜合諮詢處（迎賓廣場）
沖繩鄉土村 思路櫢物園
海洋文化館（天文館）
海岸遊步道
中央門
P5
114
P4
巴士專用
P3
熱帶夢幻中心
名護・許田IC
P8

這裡的設施全部免費

海豚潟湖
可以近距離觀看海豚的生態和身體構造。
〈海豚觀察會〉
11時30分、13時30分、15時
※水族館出口步行4分

海牛館
飼養著瀕臨絕種的草食性哺乳動物——西印度海牛。在水中悠閒游泳的模樣相當可愛。
※水族館出口步行3分

海龜館
飼養著棲息在沖繩近海的5種海龜。不僅可以從水面上觀察，也可從水中觀察室欣賞海龜游泳的姿態。
※水族館出口步行3分

在漁夫之門所在的4樓，可從正上方俯瞰「珊瑚之海」、「熱帶魚之海」2個水槽。

一面欣賞美麗海的魚兒一面品茶 最後別忘了帶點伴手禮

面向黑潮之海的咖啡廳Ocean Blue，可近距離觀賞水槽內的生物，
度過奢侈的咖啡時光。最後就以購買水族館伴手禮劃下完美句點。

望著水槽內的景色，
心情彷彿在海中得到了療癒♪

有鯨鯊再加上鬼蝠魟…。
震撼力十足的光景

かふぇおーしゃんぶるー
咖啡廳Ocean Blue

和魚群共享悠閒片刻

設置在黑潮之海一隅的咖啡廳，可
以望著優雅游動的鯨鯊與鬼蝠魟，
一面品嘗輕食，魚群游過眼前的瞬
間讓人不禁興奮起來。最搶手的水
槽旁座位是兩側皆有柱子做間隔的
設計，可以在此忘卻時間與周遭環
境，悠閒享受放鬆片刻。

🕗8時30分～17時30分LO(3～9月為～19
時LO)

> 120%充分享受咖啡廳
> Ocean Blue的方法

🪑 **推薦座位**
能享受鯨鯊等海中生物的壯闊景
象，水槽旁的座位就是頭等席，只
不過競爭程度相當高。

🕐 **推薦的時段為？**
16時以後相較之下人潮較少，但
若想坐在熱門的水槽邊座位，建議
開館後直接前往。

🍴 **好想吃這個！**

墨西哥風塔可飯
617日圓
結合墨西哥飯與塔
可飯加以變化，辣
味促進食慾

印度烤餅熱狗堡
(咖哩)
411日圓
多汁的熱狗和咖哩
醬搭配出絕佳風味

彩繪馬芬
515日圓
以海中景色為概念
彩繪而成。鯨鯊圖
案相當可愛！

扶桑花茶
463日圓
鮮豔紅色十分搶眼的
茶飲。夏季提供冰
飲，冬季則是熱飲

※商品內容及價格可能在未事先告知的情況下有所調整。

令人不禁想帶回家

沖繩美麗海水族館的可愛伴手禮

位於水族館出口的「Blue Manta」，販賣許多玩偶和雜貨、小點心等原創商品，
推薦給找尋伴手禮的各位。

加鈣黑糖 鯨鯊（大）
540日圓
被可愛的包裝所吸引。內有一口
大小的黑糖15個入

模切書籤 各487日圓
有著海豚及魟魚形狀的書籤繪有
紅型染的花樣，繽紛又可愛，推
薦給喜愛閱讀的人

導覽資料夾 540日圓
色彩鮮豔的資料夾。若放入美麗
海觀察導覽手冊（☞P49），就
馬上變成一本生物圖鑑

彩繪玻璃鏡 1338日圓
將海洋生物設計成彩繪玻璃的圖
案，是方便隨身攜帶的折疊鏡

立體貼紙 324日圓
沖繩美麗海水族館的生物變成了
一張張貼紙，可以貼在筆記本等
處，打造自己的小小水族館

美麗海鹽汽水 1罐154日圓
使用來自宮古島的雪鹽，口感清
涼暢快的飲料。附紙箱包裝3罐
515日圓，相當受歡迎

可在此購買

鯨鯊金楚糕（小）
540日圓
有椰子、紅芋等4種口味。
鯨鯊形狀也是只有水族館才買得到

扁平鯨鯊螢幕擦拭吊飾
494日圓
如同外觀一樣有著柔軟的觸感。
有了這個手機隨時亮晶晶

💬 商店「Blue Manta」
位於館內的出口附近，販售
美麗海水族館的原創商品和
水族館相關商品。
🕐準同水族館開館時間

📖 沖繩縣內的便利商店等處皆有販售沖繩美麗海水族館的折扣票券。

翠綠的今歸仁城遺址&蔚藍的古宇利島 本部半島的暢快兜風

列入世界遺產的今歸仁城遺址、橫跨於珊瑚海上的古宇利大橋。
奔馳於擁有眾多景點的本部半島上,感受沿途的動人風景。

所需時間 **5小時**

1 びせのふくぎなみき 備瀨福木林道

約30km

START!

許田 IC

漫步在福木環繞的聚落中

由當初做為防風林而種植的福木所形成的聚落,如今已像是要將整個聚落給包圍起來般茂密生長。由於聚落內的道路十分狹窄,建議下車散步。

DATA ☎0980-47-3641(本部町観光協会) **住**本部町備瀨 **図**自由參觀 **交**許田IC車程60分 **P**20輛 **MAP**P154A1

福木林蔭道為本島規模最大

約6km

2 なきじんじょうあと 今歸仁城遺址

世界遺産

P56的加倍樂趣專欄有更詳細的介紹

治理北部一帶的北山王居城遺址

早在琉球王國建國(1429年)以前便存在的北山政治中樞。設有多座城牆,最頂端的主城池還留有正殿的基石。這裡同時也是山櫻花的賞櫻名勝,1月下旬會舉辦櫻花祭。

DATA ☎0980-56-4400(今歸仁村御城交流中心) **住**今歸仁村今泊5101 **¥**400日圓 **時**8～19時(冬季為～18時) **休**無休 **交**許田IC車程60分 **P**250輛 **MAP**P154B2

1平郭門前有許多貓咪聚集,療癒了旅人的心 **2**祭祀火神的祠堂,這片聖地至今仍被視為信仰的對象 **3**由城郭內向外眺望,蜿蜒起伏的城牆和城外蔚藍的海洋,令人印象深刻 **4**穿過位於正門附近的平郭門後,映入眼簾的是七五三階梯,是進入今歸仁城的指標

約8km

3 もりのちゃやどんぐり 森の茶屋どんぐり

在森林中的咖啡廳休息片刻

接近乙羽岳山頂、被林木圍繞的咖啡廳。整面玻璃窗的露臺座是這間店的頭等席。這裡也提供每日定食1000日圓等餐點,可在此用餐。

DATA ☎0980-56-5664 **住**本部町伊豆味3556-16 **時**11～19時 **休**週三・四 **交**許田IC車程40分 **P**20輛 **MAP**P154C2

約8km

1使用當季水果做成的起司蛋糕頗受好評。這天是鳳梨起司蛋糕300日圓 **2**近在咫尺的樹木,將玻璃窗也染上一面鮮綠

▲讓人好想搖下車窗感受海風吹拂
◀也設有步道可以行走過橋，不過單程約需30分

5 こうりおおはし
古宇利大橋

令人上癮的暢快感受。
沖繩著名的兜風路線

連結屋我地島和古宇利島，全長約2公里的這座大橋堪稱全沖繩最長的橋樑。開往古宇利島，向海上直線延伸的沿途風景，是深烙心中的壯麗美景。從位於橋頭的觀景台望出去的景色也十分迷人。
DATA ☎0980-56-2256(今歸仁村經濟商工觀光科) ⊞今帰仁村古宇利 ⊙自由通行 ⊠許田IC車程60分 ⊉有(位於橋頭附近) **MAP**P155D2

約2km

◀位於島嶼北部的海岸，被稱為壺穴的奇異岩石

6 こうりじま
古宇利島

保留著純樸的島嶼風景

周長約8公里的小島，島上流傳著人類創世神話等，是著名的能量景點。近年來咖啡廳等餐飲店集聚，增添了不少便利性。
DATA ☎0980-56-2256(今歸仁村經濟商工觀光科) ⊞今帰仁村古宇利 ⊙自由參觀 ⊠許田IC車程60分 ⊉有(位於橋頭附近) **MAP**P155D1

島嶼的特產是海膽蓋飯

古宇利島為馬糞海膽的產地。每當海膽禁捕令解除，島上餐廳便會推出夏季限定的海膽蓋飯。【しらさ】(☎0980-51-5252 **MAP** P155D2)的海膽蓋飯。費用需洽詢

GOAL!

許田
IC

約27km

約3km

約50分

4 わるみおおはし
WARUMI大橋

全長315m，雖然短但相當便利

開通之後讓今歸仁城遺址和古宇利大橋之間的交通更為便利，大幅縮短了交通時間。從位於橋頭附近的小亭可盡覽古宇利大橋。
DATA ☎0980-56-2256(今歸仁村經濟商工觀光科) ⊞今帰仁村天底 ⊙自由通行 ⊠許田IC車程50分 ⊉5輛 **MAP**P154C2

◀連接本部半島和屋我地島

❶備瀬福木林道　古宇利島❻
しらさ🍽
備瀬崎
沖縄美麗海水族館
エメスポ港　今歸仁城遺址❷
瀨底大橋
森の茶屋どんぐり❸
八重岳　WARUMI大橋❹
本部港
東海
449
名護市役所◎
名護灣　名護城遺址
許田IC
5km　沖繩自動車道

⑮屋我地大橋
古宇利大橋❺
⑱
羽地水壩
329
許田休息站

📖 度過古宇利大橋後的左側便是古宇利ふれあい広場，備有停車場、公廁、食堂，便於休憩。

關於世界文化遺產
御城的小知識

以「琉球王國的御城及相關遺產群」名義列入世界文化遺產的9處史蹟。
其中5處便為今歸仁城遺址等御城。
來瞭解一下這個不甚熟悉的御城究竟是什麼吧。

解開御城的歷史之謎

御城不只是城郭和城牆，還具有聖域的性質。
若能進一步瞭解興建年代及築城背景等資訊，想必能對御城更有興趣。

2000年，因首里城等被列為世界遺產而更加受到矚目的御城（グスク），指的是散布在南西群島各地的古城，約有300～400處，興起於12世紀左右。關於這些御城的起源眾說紛紜，據說興建當時並無城池的功能，而是以堆疊石塊將聚落等聖地包圍起來，後來才演變為御城。自此之後，各個聚落中出現了被稱為按司的強權者，相鄰的強權者互相爭奪領土，在這過程當中，御城開始有了要塞的功能，逐步演變出城池體系。14世紀的沖繩本島由北山、中山、南山3國鼎立。今歸仁城原為北山王的居城，在1416年遭到以首里城為據點的中山所滅國。中山於1429年征服南山，統一沖繩，建立琉球王國，從此之後便以首里城為中心統治沖繩。

在今歸仁城遺址探訪御城

城牆．石堆
坐落著多座大規模城牆，其石塊堆法有不加工直接堆積的野面積、稍微切割緊密貼合的相方積、切割成長方形排列的布積等

建築遺跡
雖然除了首里城外的建築皆未修復，境內仍能看到留有殘跡的御城。今歸仁城的主郭留存著基石

城郭
具備關隘功能後的御城擁有數個城郭。位於最高處的城郭多為御城的中心

城門
有許多的石造城門，尤其可從拱門一窺當時高超的建造技術。今歸仁城的平郎門是頂著一大片岩石的城門，非常特別

聖域
大部份的御城中都有聖域，至今仍然被視為信仰的對象所祭祀。照片為祭祀火神的祠堂，參拜人潮絡繹不絕

其他屬於世界遺產的御城 {世界遺產}

在此介紹今歸仁遺址之外的4座御城。
除了首里城以外，皆集中在本島中部。

> **這座御城的特色**
> ・沖繩最古老的拱門
> ・與其他御城相較之下規模較小

> **這座御城的特色**
> ・丘陵本身就是一座御城
> ・從最高處俯瞰的景觀十分壯觀

讀谷村
ざきみじょうあと
座喜味城遺址

建於15世紀初，採連格式樣的御城，拱門為必看景點。
☎098-958-3141（讀谷村立歷史民俗資料館）住讀谷村座喜味708-6
¥免費 ◐自由參觀 ✗沖繩南IC車程40分 P36輛 MAP P150A3

なきじんじょうあと
今歸仁城遺址
（☞P54）

宇流麻市
かつれんじょうあと
勝連城遺址

利用海拔約100公尺高的山丘建造的城牆極具魄力，15世紀曾繁榮一時。
☎098-978-7373（勝連城遺址休憩所）住うるま市勝連南風原3908 ¥免費 ◐自由參觀（休憩處為9～18時）休無休 ✗沖繩北IC車程20分 P42輛 MAP P149E1

首里
しゅりじょう
首里城（☞P36）

建立起王城地位，被稱為御城中的御城。可在正殿1樓欣賞到昔日的建築遺構。

> **這座御城的特色**
> ・規模最大的御城之一
> ・唯一進行修復的建築

北中城村
なかぐすくじょうあと
中城城址

嘉永6年（1853），美國海軍將領培理曾稱讚此地築城技術高超。
☎098-935-5719 住北中城村大城503 ¥400日圓 ◐8時30分～17時截止入場（5～9月為18時截止入場）休無休 ✗北中城IC車程10分 P100輛 MAP P149D2

> **這座御城的特色**
> ・保留著許多古時的遺跡
> ・可欣賞3種不同堆疊方式的石牆

御城以外的世界遺產 {世界遺產}

包含被稱為御嶽的聖地和庭園、陵墓等4處。
每處皆是與琉球王國關係深遠的史蹟。

首里
そのひゃんうたきいしもん
園比屋武御嶽石門
（☞P38）

建於1519年，位在守禮門後方以石灰岩製成的小門，扮演著祭拜門後聖地的角色。據說每當國王要出城時，都會在此祈求旅途平安。

首里
たまうどぅん
玉陵（☞P41）

1501年由尚真王建造的王室陵墓。分為東室、西室，供奉著國王及其家族共約70座以上的遺骨。腹地內還留有1501年建造當時的「玉陵碑文」。

那霸
しきなえん
識名園 MAP P143F3

1799年建造的回遊式庭園，曾做為王室觀覽之用。
☎098-855-5936 住那霸市真地421-7 ¥400日圓 ◐9時～17時30分（10～3月為17時）休週三（逢假日則翌日休）✗那霸IC車程8分 P62輛

南城市
せーふぁうたき
齋場御嶽（☞P87）

與琉球開闢關係神話深具淵源的地方，現今仍被視為沖繩最為神聖的聖地。御嶽內有數個神域，其中尤以神秘的天然岩石隧道三庫理最著名，過去曾禁止男性進入。

被亞熱帶的林木所圍繞
在森林咖啡廳度過療癒片刻

在接近本部半島的中央，佇立在亞熱帶植物中的
森林咖啡廳是極具人氣的療癒景點，在此度過片刻的放鬆時光。

這裡是
頭等席

南國蜜柑就在
觸手可及之處

❶屋齡有40年以上，可以感受到歲月痕跡 ❷類似
薄皮大阪燒的平燒500日圓，以及使用柑橘類果實
和果皮的超級蜜柑現榨果汁500日圓 ❸腹地內隨
處充滿自然生機，隨著不同季節有香檬等各種果
實結果

やちむんきっさしーさーえん
やちむん喫茶シーサー園

**以八重岳山麓的鬱鬱森林為背景
西沙獅在屋頂上玩耍**

創業24年，是如今散布於八重岳山麓的眾多
森林咖啡廳中的先驅。其中以2樓緣廊的座
位最受歡迎，可將坐鎮在屋瓦上的大大小小
西沙獅與深邃森林盡收在眼底。由於緣廊處
只有2桌，大部分時段都是處於客滿的狀
態，不過據說上午人潮較少。寬廣的腹地內
設有步道及別館，來這裡散散步也不錯。

☎0980-47-2160 ⊞本部町伊豆味1439 ◷11～19
時 ㊡週一・二（逢假日則翌日休）🚗許田IC車程30分
🅿20輛 MAP P154B3

由縣道84號循著手工
招牌前進吧

沖繩風可麗餅
煎餅500日圓

╱ 屋頂上居然有多達**40**隻西沙獅！ ╲

屋頂上有著各式各樣表情與姿
勢的西沙獅，宮城店長表示
「往後應該也會繼續增加」

座落著許多森林咖啡廳的八重岳山麓也是賞山櫻花的著名景點，每年在1月下旬～2月上旬盛開。1月第3週六會舉辦「本部八重岳櫻花祭」。
☎0980-47-2700(本部町商工観光課) **MAP** P154B3

位於本部
森林咖啡廳附近的
賞櫻名勝

本
島
北
部

● 在森林咖啡廳度過療癒片刻

`本部町`

のうげいちゃや しきのあや

農芸茶屋 四季の彩

使用紅瓦和灰泥
在老闆打造的店內放鬆

微風吹拂過寬敞的店內，舒適宜人。除了可品嘗到使用店家栽種的蔬菜烹製成的四季之彩定食810日圓等健康餐點外，還可體驗製作西沙獅2000日圓～（1位～，須預約）。

☎0980-47-5882 **住**本部町伊豆味371-1
時11～19時 **休**週一‧二 **交**許田IC車程30分 **P**15輛 **MAP** P154B3

①由兼任橘農的老闆所經營
②戚風蛋糕套餐750日圓，附當季水果及手工冰淇淋，還可選擇飲料

這裡是
頭等席

九重葛繽紛綻放的露天吧檯座，可眺望八重岳森林

這裡是
頭等席

露台邊就是蔥蔥綠意，可以享受森林浴般的氣氛

①微風吹拂的藍色門簾，與周圍的綠意倒映成趣 ②大量使用韭菜和紅蘿蔔，製成大阪燒風味的蘭風特製平燒（左）550日圓及草本茶450日圓（右）

`本部町`

あいぞめさぼう あいかぜ

藍染茶房 藍風

藍色與群木綠意調和而成
洋溢著溫馨氣息的空間

爬上險峻的山路，佇立在山腰處的餐廳。店長為琉球藍染創作家，店內展示販賣著藍染花飾800日圓～等美麗的藍染作品。

☎0980-47-5583 **住**本部町伊豆味3417-6 **時**10～18時(11～3月為～17時) **休**週一‧四 **交**許田IC車程40分 **P**20輛
MAP P154B2

`本部町`

かふぇ はこにわ

Cafeハコニワ

將舊民宅翻修為時尚又
可愛的咖啡廳

佇立在森林中，採自然摩登風格的隱密咖啡廳。活用沖繩古民宅特色的內部裝潢，與骨董家具巧妙搭配。復古可愛的氣氛在當地也很受年輕女性的歡迎。

☎0980-47-6717 **住**本部町伊豆味2566
時11時30分～17時30分 **休**週三‧四 **交**許田IC車程25分 **P**10輛 **MAP** P154B3

①本日招牌盤餐900日圓。使用當地食材的每日特餐有著滿滿的蔬菜！②繩2位女店長親手改造，保留下往昔的氛圍

這裡是
頭等席

格子窗十分典雅的緣廊座，可一面眺望綠意盎然的庭院一邊休息

 森林咖啡廳所在的本部町伊豆味，1月櫻花、6月繡球花盛開，秋～春還可體驗採收蜜柑等，是沖繩少數能感受四季遞移的地區。

目標是美麗景致和老店風味
前往大排長龍的本部町人氣餐廳

本部町有著許多開店前便大排長龍的餐廳，例如坐擁美景的咖啡廳、
歷史悠久的沖繩麵店等眾多名店，排隊再久也值得。

景色也好迷人
在庭院彼端，是可以將
蔚藍海洋和伊江島等島
群盡收眼底的全景視野

本部町

ぴざきっさ かじんほう
ピザ喫茶 花人逢

紅瓦與蔚藍海洋的邂逅
絕佳地點也是一大魅力

爬上羊腸小徑，坐落在小山坡上的餐
廳，以紅瓦屋頂的主屋、細心修整的
庭園，以及另一頭的遼闊東海及絕佳
的地理位置自豪。主屋建築內以骨董
家具妝點，瀰漫著懷舊情懷。可以在
庭園的露臺座感受開闊景致。不妨來
品嘗使用本部町產西印度櫻桃榨成的
新鮮果汁500日圓，悠閒度過。

☎0980-47-5537 　住本部町山里1153-2
🕙11時30分～18時30分LO 　休週二・三 🈂
許田IC車程60分 　P20輛 　MAP P154A2

還有這道料理！
芒果之森 500日圓
在冷凍過的新鮮芒果上淋上芒
果汁，口味濃郁的雪酪

▲主屋的緣廊
邊是榻榻米席

披薩（中）2200日圓
使用山原的湧泉揉成的餅
皮，口感有嚼勁

 人潮較少的時間是？
過15時以後人潮會慢慢減少。若想坐在
搶手的緣廊座，建議剛開店時造訪

🪑 最受歡迎的座位是？
圍繞著主屋的迴廊座，特別是面向中庭的
3桌座位，由於可以眺望海景，非常搶手

縣道84號
又被稱作
"沖繩麵街道"

縱貫本部半島的縣道84號沿途和周邊還有超過10間沖繩麵店在此開業，因而被稱為沖繩麵街道（そば街道），熱門的きしもと食堂本店、山原そば也在這條街道上。

MAP P154B3

沖繩麵（大）650日圓
口感Q彈的自製麵條叫人上癮，配料有三層肉、里肌肉和魚板

> 還有這道料理

手工炊飯 250日圓
使用沖繩湯底煮成的什錦炊飯，1天限量100碗

🕐 人潮較少的時間是？
16時以後不用排隊即可入座，不過炊飯很快便會售完，還是建議盡早

本部町
きしもとしょくどうほんてん
きしもと食堂本店

傳承自明治時代的傳統風味

將西南木荷燃燒後取得的木灰加水靜置，取用上層的澄淨水製作手打麵，堅守創業超過100年以來的傳統製法。湯頭使用大量的日本柴魚片熬煮。柴魚濃郁的風味很受當地人喜愛。

☎0980-47-2887
🏠本部町渡久地5
🕐11時～17時30分 休週三（逢假日則翌日休）🚗許田IC車程50分 🅿20輛
MAP P154A2

創業竟始於明治36年（1905）的老店

紅豆刨冰250日圓
以大鍋熬煮金時紅豆約10小時。溫和的甜味在口中散開

> 這裡也是重點

20人份的食券？
由於該店名聲遠播，店面雖小仍有不少團體客前來，而這張餐券是給團體客人使用

🕐 人潮較少的時間是？
剛開店人潮最少。另外在冬季等較寒冷的日子，有時客人也會較少

本部町
あらかきぜんざいや
新垣ぜんざい屋

供應沖繩紅豆冰長達50年！

在甜甜的金時紅豆上盛滿大量刨冰的沖繩紅豆冰專賣店。為了使客人能感受紅豆冰的清涼暢快，該店沒有裝設冷氣設備。也有不少客人來外帶。

☎0980-47-4731
🏠本部町渡久地
11-2 🕐12～18時
（夏季售完打烊）休週一（逢假日則翌日休）🚗許田IC車程50分 🅿有特約停車場
MAP P154A2

可以搭配鄰近的きしもと食堂一同造訪

排骨麵800日圓
放在麵上的排骨已事先沾上甜辣的醬汁，調味講究

> 還有這道料理

三層肉麵 700日圓
將熬煮的三層肉加上醬汁調味，和肥肉部分形成完美平衡

🕐 人潮較少的時間是？
14時後人潮減緩，但大多情況為麵條已售完

本部町
やんばるそば
山原そば

開店前便聚集人潮的名店

為搭配老闆深深著迷的麵條所製成的湯頭，是以豬骨為底再加上柴魚片融合而成的濃郁風味。實在的湯頭配上配料的甜辣醬汁，讓美味持續到最後一口。

☎0980-47-4552
🏠本部町伊豆味
70-1 🕐11～15時
（售完打烊）休週一·二 🚗許田IC車程30分 🅿20輛
MAP P154B3

將極具風情的古民宅做為店鋪使用

📖 新垣ぜんざい屋前就是本部町營市場。近年來開了許多咖啡廳和雜貨店，務必逛逛。

搭乘獨木舟
來場山原紅樹林探險吧

來到南國的河岸邊，映入眼簾的茂盛植物群便是紅樹林。
乘著獨木舟，稍微湊近觀察也是不錯的選擇。

げさしかわのひるぎばやし
慶佐次川紅樹林

覆蓋整片河岸
沖繩本島規模最大的紅樹林

流經東村的慶佐次川下游處，有本島最具規模的紅樹林廣布於此，由紅茄苳、水筆仔等3種紅樹科植物構成，濕地棲息著許多小生物。可以參加獨木舟之旅，徜徉在大自然中仔細觀察紅樹林生態。

☎0980-51-2655（NPO法人東村觀光推進協議會）⑪東村慶佐次 ⑳自由參觀 ⊗許田IC車程45分 ⓟ30輛 ⓂⒶⓅP155F4

紅樹林是什麼？

1. 生長在淡水和海水交界的汽水域，紅樹科等植物群的總稱。

2. 紅樹林可在亞熱帶、熱帶地區看到，沖繩本島幅員最大的便是慶佐次川下游的紅樹林

3. 慶佐次川的紅樹林被列入日本的天然紀念物

獨木舟之旅開始

服裝做好萬全準備
加入獨木舟行列

請穿上方便行動、即使弄濕也無礙的服裝來參加，記得攜帶拖鞋及替換衣物等。夏季為了預防中暑，也別忘了帶頂帽子。

穿這樣就對了！

紅樹林之旅 假設在9時集合

❶ 9:00
在商店集合

抵達商店後，首先前往櫃檯報名。換裝完後，好好學習獨木舟的操作方式吧

❷ 9:30
乘上獨木舟
出發囉

搭上停靠在河畔的獨木舟。稍微熟悉船槳的操作方式後，開始往上游前進吧

❸ 9:50
抵達紅樹林區域

溯溪約100公尺，穿過慶佐次大橋，就能看到紅樹林了！

探索山原的動植物	在此介紹容易在慶佐次川看到的動植物。這裡是五梨跤生存的北限，退潮時則會有單邊的螯較大的招潮蟹、在淺灘上彈跳移動的彈塗魚在此迎接遊客。	五梨跤	招潮蟹	彈塗魚

往邊戶岬
往支流 ❹
紅樹林棲地 ❸
慶佐次大橋
東村ふれあいヒルギ公園
慶佐次
慶佐次共同賣店
往名護市
軽食&喫茶あいうえお
❶❺山原自然塾
慶佐次川河口
❷獨木舟乘船處
UPPAMA海灘
獨木舟路線
N
有銘灣
獨木舟之旅MAP

也可以步行參觀紅樹林

位於慶佐次川下游流域，設備完善的「東村ふれあいヒルギ公園」，設置有環抱紅樹林的木頭步道，可以一面散步一面觀察紅樹林的生態。**MAP**P155F4

東村
やんばるしぜんじゅく
山原自然塾

最先在慶佐次川紅樹林設立獨木舟之旅的先驅。在東村土生土長的導覽人員會細心解說紅樹林周遭的自然、歷史及風俗習慣等知識。除了獨木舟行程之外，也準備了其他可盡情感受東村大自然魅力的行程。

☎0980-43-2571 ⬤東村慶佐次82 ⬤8～18時 ⬤元旦 ⬤許田IC車程45分 ⬤20輛 **MAP**P155F4

報名的是這個行程

慶佐次川紅樹林獨木舟之旅

●費用：6000日圓
（行程參加者總共為1人的情況下9000日圓）
●所需時間：約3小時
●舉辦條件：視漲潮時段而異
●預約：最晚於一天前報名
●單獨參加：可

➕ 還有這種探險方式

➍ 10:00 ➡ **➎ 12:00**

往支流前進
獨木舟還會划進狹窄的支流，彷彿要將水路覆蓋住的紅樹林近在眼前，終於來到這趟旅程的關鍵。

行程結束
順流而下，體驗一下在海上划獨木舟的感覺，返回起點處。回到店裡，品嘗免費的茶點小憩片刻。

真好玩～！

國頭村
ひじおおたきとれっきんぐ
比地大瀑布登山步道

探訪深邃森林，往瀑布前進

可以在這片自然景點輕鬆探索沖繩本島最大、高低落差約25公尺的比地大瀑布。貫穿山原森林全長約1.5公尺的散步道，可近距離觀賞罕見的亞熱帶植物。

☎0980-41-3636（比地大瀑布露營地） ⬤國頭村比地781-1 ⬤500日圓 ⬤9～16時最後入場(11～3月為～15時截止入場) ⬤無休 ⬤許田IC車程1小時 ⬤150輛 **MAP**P156B3

📖 慶佐次川退潮時會露出河床，呈現出與滿潮時截然不同的景色。

不妨到這裡走走！

本島北部的推薦景點

やえだけさくらのもりこうえん
八重岳櫻之森公園
沖繩數一數二的賞櫻名勝

山櫻花沿著八重岳的登山步道茂密生長，在山櫻花盛開的1月下旬左右，便會形成一條櫻花隧道，可欣賞日本最早的櫻花美景。1月第3週六到2月上旬左右還會舉辦「本部八重岳櫻花祭」，可以見到世界各地遊客湧進的熱鬧模樣。**DATA** ☎0980-47-3641（本部町觀光協會） 🏠本部町並里 ¥免費 ⏰自由參觀 🚗許田IC車程45分 Ｐ有 **MAP**P154B3

しおかわ
鹽川
全世界只有2處的鹹水河川

位於距海岸線150公尺處的內陸，世界上流有鹹水的河川也只有這裡和波多黎各才看得到。至於鹹水河川形成的原因眾說紛紜，有岩鹽層、地洞等推論，至今仍未證實。昭和47年（1972）列入日本的天然紀念物。全長280公尺。**DATA** ☎0980-47-3641（本部町觀光協會） 🏠本部町崎本部 ¥免費 ⏰自由參觀 🚗許田IC車程40分 Ｐ5輛 **MAP**P154A3

こうりおーしゃんたわー
古宇利海洋塔
可欣賞整面海景的觀景塔

佇立在古宇利島山腰處，有著帆船外型的白色高塔。海拔82公尺，可在最高樓層將古宇利大橋、東海、山原之森盡收眼底，視野開闊。另設有海景餐廳和商店，自2013年11月開幕至今，已吸引眾多遊客前來。**DATA** ☎0980-56-1616 🏠今歸仁村古宇利538 ¥入館800日圓 ⏰9～18時 無休 🚗許田IC車程55分 Ｐ100輛 **MAP**P155D2

やんばるやせいせいぶつほご せんたー うふぎーしぜんかん
山原野生生物保護中心 UFUGI自然館
介紹山原不為人知的魅力

介紹山原珍貴的自然生態和生物的設施。除了設有能聆聽山原秧雞叫聲的展區外，還有使用手電筒尋找夜行性動物等充滿特色的有趣展示。**DATA** ☎0980-50-1025 🏠國頭村比地263-1 ¥免費 ⏰10時～16時30分 週一、慰勞之日、假日（部分除外） 🚗許田IC車程1小時 Ｐ30輛 **MAP**P156B3

やんばるくいな せいたいてんじがくしゅうしせつ
山原秧雞 生態展示學習設施
可以見到活生生的山原秧雞

設立在宣示為「山原秧雞之鄉」的國頭村安田區。可以在飼育間近距離觀察被列為日本天然紀念物的山原秧雞戲水的模樣等。**DATA** ☎0980-41-7788 🏠国頭村安田1477-35安田ふれあい公園內 ¥入場500圓 ⏰9～17時 無休 🚗許田IC車程1小時30分 Ｐ30輛 **MAP**P156C2

かやうちばんた
茅打斷崖
山原一帶屈指可數的景觀景點

爬上過去被視為交通險峻的窄小坡道頂端，便是國頭村最具代表性也最為知名的茅打斷崖。日文的「パンタ」（BANTA）在沖繩方言中代表「崖」之意，從瞭望台所在的約70公尺高斷崖上，右手邊可眺望東海的遼闊美景，左手邊則是一片亞熱帶森林。**DATA** ☎0980-41-2101（國頭村企劃商工觀光課） 🏠国頭村宜名真 ¥免費 ⏰自由參觀 🚗許田IC車程1小時30分 Ｐ22輛 **MAP**P156C1

だいせきりんざん
大石林山
親身體驗大自然的力與美

被視為沖繩最早的聖地，可以在這片熱帶喀斯特地形輕鬆健行。境內設有能眺望雄壯海景的美麗海展望線路等4條規劃完善的散步道，讓人想一面觀察沿途的奇岩巨石、巨大的榕樹、稀奇的動植物等沖繩特有的原生景觀，一面愜意漫步。**DATA** ☎0980-41-8117 🏠国頭村宜名真1241 ¥800日圓 ⏰9～17時（10～3月為～16時） 無休 🚗許田IC車程1小時30分 Ｐ80輛 **MAP**P156C1

へどみさき
邊戶岬
巨浪拍岸，沖繩本島最北端的岬角

由那霸北上約120公里，位於沖繩本島最北端，晴天時可遠望鹿兒島縣與論島的壯闊海景。整片岬角鋪設成綠地，不僅鋪設有步道，隨處更有石碑、紀念碑等，在當地也是個相當熱門的兜風景點。**DATA** ☎0980-41-2101（國頭村企劃商工觀光課） 🏠国頭村辺戶 ¥免費 ⏰自由參觀 🚗許田IC車程1小時35分 Ｐ47輛 **MAP**P156C1

名護自然動植物公園
ねおぱーくおきなわ

搭乗小火車観察自然生態

以貼近原始自然環境的方式飼育紅鶴等棲息於熱帶地區的生物。推薦搭乗重現過去行駛於沖繩鐵路的沖繩輕便鐵道（600日圓／需時20分）來遊逛園區。**DATA** ☎0980-52-6348 住名護市名護4607-41 ¥660日圓（入園＋輕便鐵道乗車券為1100日圓）※舉辦活動時費用將有所調整 ⏰9時～17時30分（截止入園為17時）休無休 交許田IC車程20分 P533輛 MAP P154C4

OKINAWA水果樂園
おきなわふるーつらんど

以五感來享受熱帶風情的世界

種植著多達30種熱帶水果的水果區，還有世界上最大的水果「波羅蜜」等稀奇水果。除了有可以和鳥兒、蝴蝶相見歡的專區，還有提供以水果製作豐富菜色的咖啡廳。**DATA** ☎0980-52-1568 住名護市為又1220-71 ¥1000日圓 ⏰9～18時（截止入園為17時30分）休無休 交許田IC車程20分 P130輛 MAP P156C3

山原學習之森
やんばるまなびのもり

輕鬆漫步於山原之森

設有3條長短不一、各異其趣的自然步道，得以親身感受亞熱帶森林。若參加解説員伴遊的步行導覽（2550～3100日圓／需時約2小時，須預約），則可進一步學習植物的生態等，讓林中散步更加充實有意義。園內有住宿設施和餐廳。**DATA** ☎0980-41-7979 住國頭村安波1301-7 ¥免費（自然散步道入場300日圓）⏰9～17時 休無休 交許田IC車程1小時30分 P40輛 MAP P156C3

名護鳳梨公園
なごぱいなっぷるぱーく

搭乗鳳梨形状的小車周遊園内

公園的唯一主角就是鳳梨。首先，搭上有語音導覽的鳳梨號，參觀種植著約有100種鳳梨的鳳梨園和熱帶果樹茂密的溫室，之後還可以盡情享受吃鳳梨。**DATA** ☎0980-53-3659 住名護市為又1195 ¥600日圓（內含鳳梨號乗車費）⏰9～18時（鳳梨號於17時30分截止受理）休無休 交許田IC車程20分 P100輛 MAP P154C4

本部元氣村
もとぶげんきむら

海豚機靈的動作教人移不開眼

有與海豚同遊的海豚歷險等6種海豚體驗活動。藉由與海豚玩玩具、遊戲等，透過與海豚的互動，可以學習海豚相關知識的海豚學校相當受歡迎。這裡也提供一般的水上活動。**DATA** ☎0980-51-7878 住本部町浜元410 ¥海豚學校6480日圓（國中生以上）⏰8～18時（需預約）休無休 交許田IC車程50分 P50輛 MAP P154A2

島豚七輪燒 満味
しまぶたしちりんやき まんみ

盡情品嘗山原島豚

由琉球在來豬「阿古豬」與黑豬交配繁殖，以講究的飼料餵養出的山原島豬，以肉質甜美為特色。綜合拼盤3500日圓～（照片）為可品嘗到超過10種不同部位的超值餐點。該店也提供準備上相當費工而十分少見的豬肉類。**DATA** ☎0980-53-5383 住名護市伊差川251 ⏰17～22時LO 休週二 交許田IC車程25分 P20輛 MAP P154C4

column
走遠一些前往美麗島嶼

伊江島
いえじま

坐擁各式景點和島嶼名產

位於本部半島外海5公里處的有人島嶼，島上散布著許多景點，例如聳立在島嶼中央、海拔172公尺的城山、可眺望斷崖的湧出瞭望台、開滿100萬朵鐵炮百合的百合原野公園等。這裡還有許多伊江島牛、落花生等特產品及加工品，使用島上甘蔗釀造的蘭姆酒也頗具人氣。**DATA** ☎0980-49-3519（伊江島觀光協會）住伊江村川平 ⏰自由參觀 交本部港搭乗渡輪30分（許田IC車程45分至本部港）P有 MAP 攜帶地圖背面

島嶼如尖帽般的外型，令人留下深刻印象

城山的登山口。約15分鐘左右可抵達山頂。由山頂處可享受360度的全景視野

傳說可求子的洞窟，千人洞

連接東村～國頭村的縣道70號是設在森林之中的道路，沿途設立著防止撞擊山原秧雞等瀕臨絕種動物的標示。

重點看過來！
尋找燒陶器皿
就前往陶器之鄉

陶器之鄉約有15間工房
進駐，商店和咖啡廳也
值得探訪。（☞P70）

重點看過來！
在Depot Island度過
美式休閒時光

聚集摩天輪和戲院、商店
等時下最流行的景點。
（☞P76）

重點看過來！
西海岸地區為
濱海度假區

西海岸坐落著不少海景壯
闊的海灘，日落景色更是
不能錯過。（☞P78）

本島中部
就在這裡！

在沖繩首屆一指的度假區盡情兜風

本島中部
ほんとうちゅうぶ

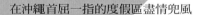

就買沖繩陶器
當伴手禮吧

是這樣的地方

由於本島中部有幅員遼闊的美軍基地進駐，
周圍散布著許多洋溢異國情調的流行景點，
例如港川地區有著利用外國人宅邸改建而成
的咖啡廳，瀰漫著美國西海岸氛圍的Depot
Island，以及陶器之鄉等眾多選擇。西海岸
沿岸則有度假飯店林立，還有萬座毛也是十
分迷人的風景名勝。

access

●由那霸機場到
陶器之鄉
那霸機場走沖繩自動車道
沖繩南IC、縣道74、國道
58號，約47公里

洽詢
☎098-966-1280
恩納村商工觀光課
☎098-982-9216
讀谷村商工觀光課
廣域MAP P148～151

本島中部

Mission Beach
(☞P79) **5**

部瀨名海中公園
海中展望塔
● The Busena Terrace

幸喜公園

名護市
許田IC

往慶佐次

ANA INTERCONTINENTAL
MANZA BEACH RESORT

萬座毛
(☞P79) **4**

**許田休息站
山原物産中心**
(☞P81) **6**

宜野座村
宜野座IC

沖繩縣
縣民之森

宜野座海灘

漢那海灘

觀光的提要
**事先確認好
太陽下山的時間吧**

西海岸有萬座毛等能欣賞夕陽西下
的景點，難得來到沖繩，務必安排
時間欣賞東海的落日美景。日落時
間約為17時30分～19時30分，詳
細時間請參照P79的表格。

恩納村營海灘
恩納
恩納村
沖繩工藝村

金武町
伊藝SA 金武IC

329

金武岬

金武是洋溢著
美國氣息的地方

美軍基地大門周邊的
街區「金武」，瀰漫
著濃濃美式風情。

陶器之郷
(☞P70) **3**

Renaissance
Okinawa Resort

真榮田岬

屋嘉IC
石川IC

屋嘉
海灘

金武灣

殘波岬公園
殘波海灘

與久田海灘

58

座喜味
城址

BIOS之丘

石川歷史民俗資料館 金武灣

伊波城遺址

NIRAI海灘
體驗王國
MURASAKI MURA

讀谷

喜名番所休息站

讀谷村

嘉納
休息站

沖繩北IC

安慶名城遺址

宇堅海灘

野鳥之森自然公園

具志川海灘

トンナハ海灘

宇流麻市

平安座島

宮城島

木綿原遺跡

屋良城遺址

知花城遺址

沖繩市

勝連城遺址

海中道路

奔馳在海上的
海中道路

通往平安座島，全
長約5公里的道路。
MAP P149F1

Depot Island 2
(☞P76)

北谷

330

OKINAWA
Zoo & Museum

329

沖繩縣綜合運動公園

藪地島
濱比嘉島

嘉手納町

沖繩南IC

北谷町

北谷公園夕陽海濱

1 港川外國人住宅
(☞P74)

58

北中城IC

喜舍場スマート

北中城村

北中城城址

中城城址

宜野灣マリーナ

宜野灣市

浦添市

中城村

西原IC

往與那原町 中城灣

N
0 △ 3km

津堅島

推薦的行程時間
6小時30分 🕐

西海岸地區在國道58號
沿途座落著不少景點。北
谷周邊可以感受美式氣
氛，穿過Renaissance
Okinawa Resort後，則是
一片綿延至名護的美麗濱
海道路，能欣賞夕陽美
景。

起點	1	2	3	4	5	6	終點
🚗	☕	🛍	🏺	🏯	🏯	🛍	🚗
西原IC	港川外國人住宅	Depot Island	陶器之郷	萬座毛	Mission Beach	許田休息站山原物産中心	許田IC
	車程15分	車程20分	車程20分	車程40分	車程15分	車程15分	車程3分

📖 沖繩自動車道的伊藝SA（休息站）左右線道都設有觀景台，可眺望金武灣和周邊的島嶼群。

在西海岸的蔚藍海洋上
享受水上活動

度假飯店林立的西海岸，除了可欣賞最受歡迎的青之洞窟（**MAP** P151E4），
還有多元有趣的水上活動將豐富你的旅程。

✦ 閃耀著湛藍色澤的人氣景點 ✦

青之洞窟浮潛

青之洞窟是指位於真榮田岬附近斷崖裂縫內的水上洞窟。從岩石縫隙中照入的陽光於海底反射，將洞窟內映照成一片水藍。不妨加入浮潛的行列，來欣賞當今最受歡迎的水上景點吧。

行程表

	8:00	8:30	8:50	9:00	9:30	10:30
	集合・報名	出發	洞窟入口	開始浮潛	往洞窟外移動	回到商店結束行程

需時 2小時30分

探索海中魚類！

小丑魚
總是和海葵形影不離

尖翅燕魚
大批魚群聚集於此，成群行動

耳帶蝴蝶魚
宛如蝴蝶一般在海中翩翩游動

僅需攜帶泳裝及毛巾即可參加

步行至海岸
到商店集合並換裝完成後，聽完簡單說明即前往真榮田岬

沿著海浪拍打的岩壁前進
爬下通往真榮田岬的階梯，往海岸線前進，由此沿著斷崖步行約5分

開始浮潛
進入洞窟後，以浮潛方式前往散發藍色光芒的景點，被神祕的自然美觸動

繼續浮潛至洞窟外
一面浮潛出洞窟外，盡情感受東海之美

恩納村
まりんくらぶなぎ

MARINE CLUB NAGI

地處於真榮田岬一帶，是前往青之洞窟的一大據點。備有溫水淋浴間、男女廁所，以及女性指導人員等，服務完善。

☎098-963-0038 恩納村山田501-3 ⏰7時30分～22時（電話受理） 無休 石川IC車程15分 P20輛 **MAP** P151E4

報名的是這個行程

**青之洞窟浮潛＋
與熱帶魚玩耍的美麗海洋浮潛**

●費用 3800日圓
●所需時間 約2小時30分
●舉辦時間 8時、10時30分、13時20分、15時30分
●預約 若有空檔也可當日報名參加
●1人參加 可

好想玩玩看！

充滿個性的水上活動

從數不清的水上活動中，
挑出4個最受矚目的項目介紹。

海上運動的海洋主題公園

設置於海灘游泳區內的海上遊樂設施，規模為日本國內最大，設有溜滑梯等。2015年預定開放至11月3日。（ANA INTERCONTINENTAL MANZA BEACH RESORT）

本島中部 ● 在西海岸享受水上活動

海上拖曳傘
盡情欣賞度假勝地的碧海晴空

只需坐在綁上降落傘的椅子上即可，當拖曳的船隻加速後，降落傘便會上升至約30公尺，可從空中眺望度假村全貌。

在此體驗
ANA INTERCONTINENTAL MANZA BEACH RESORT ●費用8300日圓～ ●所需時間1小時（飛行時間10分） ●舉辦時間 全年 ☎098-966-2212 **MAP** P152A3

水上腳踏車
就像海上的三輪車

在浮浮沉沉的海面上漂游十分舒適有趣，是輕鬆入門的水上活動。2人同心協力來場海上冒險吧。

在此體驗
ANA INTERCONTINENTAL MANZA BEACH RESORT ●費用1600日圓～ ●所需時間30分 ●舉辦時間全年 **MAP** P152A3

也可在此體驗
殘波海灘（沖繩殘波岬皇家度假大飯店）☞P128

水上鋼鐵人
利用噴射機飛向空中

利用水上摩托車的噴射器改造而成的新穎水上活動。只要記住訣竅，就可以在水上站立，非常吸睛。

在此體驗
Renaissance Okinawa Resort ●費用7560日圓※有經驗者（第2次後）為5400日圓 ●所需時間 約30分（包含安全講習）※有經驗者為約20分 ●舉辦時間 全年 **MAP** P151F4

海中漫步
輕鬆體驗海中散步

在大型安全帽中灌入空氣，即使在水中也可像在陸地一般正常呼吸，也可直接戴著眼鏡下水，能透過比潛水更輕鬆的方式在海中散步。

在此體驗
Renaissance Okinawa Resort ●費用5400日圓 ●所需時間1小時（水中15分）●舉辦時間 全年 ☎098-965-0707 **MAP** P151F4

也可在此體驗
ANA INTERCONTINENTAL MANZA BEACH RESORT ☞P123
殘波海灘（沖繩殘波岬皇家度假大飯店）☞P128

Renaissance Okinawa Resort（☞P125）所舉辦的海豚活動可親身接觸海豚。

在陶藝家雲集的「陶器之鄉」尋找心儀的陶器作品

由師傅一個個手工製造的作品，感覺得到溫度的素雅風味深具魅力。
逛逛工作室與藝廊，一定能與珍藏逸品邂逅。

うつわや
うつわ家

與傳統交融的現代風格頗受好評

附設於島袋常秀師傅工作室旁的藝廊兼商店。在深受傳統技術影響的同時，也融入了現代風格的作品，皆是傾聽消費者的意見回饋所製作而成。繪有飽和朱紅色的美麗赤繪器皿也有豐富品項。

☎090-1179-8260 🏠読谷村座喜味2748
🕘9~18時(週日為10時~) 休不定休
MAP P71

■3.5寸的付蓋小碗3780日圓有可愛的浮雕刻紋 ②八寸盤3780日圓 精緻的卷唐草是重點

有各式各樣形狀和花樣的赤繪器皿，整齊排列的樣子讓人不禁讚嘆

1　2

1　　　2

ぎゃらりーやまだ
ギャラリー山田

深富獨創性的作品十分吸睛

由讀谷山燒的燒窯業者之一——山田真萬所開設的藝廊。洋溢著藝術氣息的作品，以厚實沉穩的設計為主要賣點。過去曾在國外開設個展等，享有極高的國際名譽。

☎098-958-3910 🏠読谷村座喜味2653-1
🕘11~17時 休不定休 MAP P71

■藍釉唐草花紋4000日圓 強而有力的筆觸是山田先生的招牌作品 ②上繪馬克杯(價格需洽詢)快活而非常有律動感的花樣

店内也展示著值得一看的大型作品

作品就陳列在店頭。下方照片為金城次郎窯

使用陶器度過悠閒的咖啡時光

逛累了的話，就到位於陶器之鄉內的咖啡廳ギャラリー森の茶家 やちむんの里休息吧。也可享用沖繩風海鮮煎餅——平燒400日圓等輕食。

☎098-958-0800 MAP P71

みやとうぼう
宮陶房

一脈相傳的魚紋是最大亮點

由人間國寶金城次郎的長女宮城須美子所開設的工作室。從金城先生傳承下來的「魚紋」花樣，在須美子小姐的長女藤岡香奈子的作品中，仍保有最原始的躍動感。

☎098-958-5094 住讀谷村座喜味2677-6 ⏰9～18時 休無休
MAP P71

1 魚紋咖啡杯3500日圓 須美子小姐製作
2 八寸盤 5000日圓 香奈子小姐製作。細緻的線條非常迷人

やちむんのさと
陶器之鄉是？

感受得到傳統氣息的陶藝鄉里讓人想花上時間細細遊逛

沖繩方言やちむん（yachimun）意指陶器。深受沖繩喜愛湯水的飲食文化影響，這裡的器皿多以厚實圓滾的外型為特色。陶器之鄉位於工藝興盛的讀谷村，是與壺屋陶器街（☞P34）齊名的陶器產地而名聞遐邇，鄉里內散布著約15間陶藝家琢磨手藝的工作室。

洽詢☎098-958-6494
（讀谷村觀光協會）
交通方式 石川IC車程20分
P 利用共同停車場
MAP P150B3

讀谷山燒的登窯，一年會燒上好幾次窯

只有在直營店才有的合理價格

よみたんざんやききたがまばいてん
讀谷山燒北窯賣店

網羅4名陶藝家的多元作品於一堂

店內網羅了宮城正亨、與那原正守、松田米司、松田共司4位窯主的讀谷山燒北窯作品。創作風格各異其趣，提供多種能運用於日常生活中的碗公等器皿。

☎098-958-6488 住讀谷村座喜味2653-1
⏰9時30分～17時30分 休不定休 MAP P71

1 茶杯組 2700日圓 以月亮為概念製作。與那原正守製作 **2** 酒壺 2700日圓 盛泡盛酒的酒器。宮城正亨製作

讀谷山燒北窯（松田共司、松田米司、宮城正亨）
讀谷山燒（大嶺實清）
ギャラリー囍屋
登り燒
讀谷山燒北窯（與那原正守）
讀谷山燒北窯賣店
橫田屋窯（知花寬）
讀谷村陶藝研究所
讀谷山燒共同直賣店
ギャラリー森の茶家 やちむんの里
讀谷山燒（玉元輝政）
讀谷山燒（山田真萬）
ギャラリー山田
讀谷山燒（山田真萬）
喫茶まらなた
陶芸 城（金城明光）
金城敏昭窯（金城敏昭）
讀谷壺屋燒（宮城須美子）
讀谷山燒（金城明光）
讀谷壺屋燒金城敏男窯（金城敏男）
宮陶房
うつわ家
讀谷壺屋燒（金城次郎）
往喜味城遺址
常秀工房（島袋常秀）
WC
宙吹ガラス工房 虹 P.111
（稻嶺盛吉）
12
喜名
共同停車場
58
讀谷共同販買中心
往那霸
往恩納村

本島中部 在「陶器之鄉」尋找心儀的陶器

西沙獅、琉球玻璃…
體驗沖繩的手工藝

參加體驗染織、手工藝等沖繩最具代表性的民俗藝術製作。
親手製作的手工藝伴手禮，感覺特別美好。

體驗還個！
**讀谷山MINSAH
織杯墊體驗**
樣式可選擇錢花等3種花
樣體驗編織

體驗700日圓，是可以自己操作紡織機的難得經驗

體驗還個！
吹玻璃體驗
體驗時間雖然很短，但
可揣摩師傅的工藝。
2160日圓～

什麼都比不上專屬於自己的自製玻璃

讀谷村
ゆんたんざはなういじぎょうきょうどうくみあい

讀谷山花織事業協同組合
親自接觸讀谷村的傳統織品

**讀谷山花織
織杯墊體驗
40分
需 預約**

讀谷山花織獨特的幾何圖形
花紋十分美麗。自琉球王朝
時代傳承至今，二次世界大
戰後曾一度失傳，後於昭和
30年代復活。可在傳統工藝
綜合中心體驗製作杯墊，相
當受歡迎，專業師傅會細心
指導紡織機的操作及掛線方
式，即使是初學者也能輕易
上手。

☎098-958-4674 住讀谷村座喜
味2974-2 (傳統工藝綜合中心)
◷9～17時 (體驗為10～16時) 休
週六・日、假日 交沖繩南IC車程
40分 ℙ4輛 MAP P150A3
※體驗最晚需在兩日前預約

1 手腳交互並用，一面將橫
線織入慢慢編織
2 館內展示
著製作和販用的布料，也販
賣錢包、吊飾等雜物

宇流麻市
りゅうきゅうがらす たくみこうぼう

琉球ガラス 匠工房
挑戰獨具個性的玻璃製作

**吹玻璃體驗
10分
需 預約**

在製作玻璃上講究能發揮沖
繩感性，推出獨創作品而深
具人氣的工作室，在此挑戰
「吹玻璃」手工體驗，透過
長桿將融化玻璃吹至膨脹。
該店提供多種體驗課程，在
工作人員的親切指導下，可
體驗師傅製作時的心境。玻
璃的形狀、顏色、花紋皆可
從豐富的選項中自由選擇也
令人開心。

☎098-965-7550 住うるま市石川
伊波1553-279 ◷9～18時 (體
驗受理為～17時30分。但12～
13時、15時～15時30分除外，
預約優先制) 休無休 交石川IC車
程5分 ℙ20輛 MAP P151F4

1 將玻璃塑型，杯口會在這
個階段成形 2 商店內展示販
售著琉球玻璃製品

沖繩的著名樂器
三味弦
也可以手作嗎？

二戰後物資缺乏的時代，曾使用鐵罐製作的空罐三線琴，可在體驗王國MURASAKI MURA（下）的三線屋體驗製作。需時約1小時，費用為4350日圓（不需預約）。
☎098-958-1111

本島中部 ● 體驗沖繩的手工藝

體驗還個！
紅型染體驗
鮮豔的色彩令人印象深刻的紅型染，初學者也能順利完成

體驗還個！
彩繪西沙獅
將工房手工製作的獨創西沙獅以畫筆上色

桌巾2000日圓，當日就可帶回

選擇喜歡的西沙獅後上色。1100日圓～

恩納村
りゅうきゅうむら
琉球村
體驗古早的沖繩！

將沖繩縣內各地屋齡超過100年的古民宅移建至園內，重現沖繩往日風貌，可在此體驗古早的沖繩生活。各民宅開設體驗教室，可體驗紅型染、三線琴、琉球服飾等等傳統工藝及文化，和老爺爺老奶奶談天說地，度過悠閒片刻。以水牛車榨甘蔗汁的古早製糖法也千萬不可錯過。

☎098-965-1234 ᵻ恩納村山田1130 ¥1200日圓 ⏰8時30分～17時30分（17時截止入場，7～9月為9～18時、17時30分截止入場）⊘無休 🚗石川IC車程15分 Ⓟ200輛 ᴹᴬᴾ P151E4

紅型體驗
60分
不需 預約

1 在印有紋路的布料上塗抹紅、綠色等6種顏料
2 5棟的民宅中有2棟建築為日本登錄有形文化財

讀谷村
たいけんおうこく むらさきむら
體驗王國 MURASAKI MURA
有101種的體驗活動！

在廣大腹地內重現琉球王朝時代街景的主題樂園，可在此體驗製作西沙獅、琉球玻璃等傳統工藝，以及手打沖繩麵、藝術蠟燭等多達101種的豐富課程。園內更設有住宿設施，可投宿於此，埋頭於沖繩工藝製作。

☎098-958-1111 ᵻ讀谷村高志保1020-1 ¥600日圓 ⏰9～18時（體驗受理～17時。※部分體驗活動截止受理為20時）⊘無休 🚗沖繩南IC車程40分 Ⓟ300輛 ᴹᴬᴾ P150A3

彩繪西沙獅體驗
60分
不需 預約

1 可自由著色西沙獅的臉和尾巴，當日即可帶回 2 櫛次鱗比的紅瓦屋變成了一間間體驗工房

 說到沖繩，這裡的珊瑚和貝類也是很棒的素材。在體驗王國 MURASAKI MURA也有利用珊瑚製作風鈴等的體驗。

去探訪傳說中的
港川外國人住宅的咖啡廳&小店！

將外國人住宅翻修而成的小店，如雨後春筍般一間間開幕的港川外國人住宅。
美式洋房林立，洋溢著異國情調的氛圍，也是這裡的觀光重點。

也販售著東歐和北歐的時尚雜貨

おはこるて みなとがわほんてん
[oHacorté] 港川本店

使當季水果更顯美味
繽紛可愛的甜塔專賣店

大量使用當季水果製作的水果塔，
可愛的讓人不忍吃下肚。反覆烘烤
到酥酥脆脆的塔皮，以及搭配水果
製作的奶油等，兼具美味和外觀的
講究手法令人開心。

☎098-875-2129 住浦添市港川2-17-1
#18 ⏰11時30分～19時 休不定休 ✕西
原IC車程10分 P6輛 MAP P148B3

❶4種新鮮藍莓塔670日
圓（照片右）。也可在
庭院內的別館內用
❷使用塔皮麵團所製作的奶
油餅乾（1片）108日圓
❸外帶的包裝也很可愛

外國人住宅是？

原本為駐紮在此的美國軍人所居住的建築
物，到目前幾乎都有40～50年的歷史，時
光流逝後更顯復古風情，因而備受矚目，
現在則有餐廳等店鋪進駐，很受歡迎。

港川外國人住宅MAP

往宜野灣

スパイスcafe ホチホチ

タウンプラザ
かねひで

58

Cafe bar
Vambo・Luga

[oHacorté]
港川本店

琉球日産

ippe coppe

往那霸

其他地方也有
外國人住宅

推論沖繩縣內有4500戶左右，大部份集中在讀谷村、北谷町等浦添市以北的本島中部。

讀谷村
沖繩市
北谷町
浦添市
北中城村
宜野灣市

外國人住宅咖啡廳
在其他地區也十分熱門

在宜野灣市開店的イタリア料理とカフェ Raccolta。外國人住宅特有的多間房間的設計也是一大重點。
☎098-988-4104 **MAP**P148B3

陳列著當天現烤的吐司和司康等麵包

いっぺ こっぺ
ippe coppe

與美味麵包邂逅的幸福

只使用北海道產的高級小麥等嚴選素材所烘培而成的天然酵母吐司，很受好評。藉由花上一整天低溫發酵的過程，據說更能引出麵包獨特的甜味與Q彈口感。著重香氣與嚼勁的司康也有不少擁護者。

☎098-877-6189 **住**浦添市港川2-16-1 #26 **時**12時30分～18時30分(售完打烊) **休**週二、三，第3週一 **交**西原IC車程10分 **P**3輛
MAPP148B3

❶布袋形狀的可愛紙袋 ❷天然酵母吐司(6片) 310日圓，也提供日本全區配送。❸香草和蜂蜜口味的司康300日圓，內餡使用大量的沖繩縣產蜂蜜

深富韻味的成熟氣氛很吸引人

かふぇ ばー ばんぼ・るーが
Cafe bar Vambo・Luga

隱密建築的穩重氛圍

窗邊配置著風格沉穩的沙發，別緻的室內裝潢令人眼睛一亮。餐盤上盛滿8道餐點、運用大量蔬菜的平日午餐等，以健康取向的菜色及甜點深獲好評。

☎098-878-0105 **住**浦添市港川2-16-8-#21 **時**12～20時LO(午餐為～14時30分LO) **休**週二 **交**西原IC車程10分 **P**5輛 **MAP**P148B3

什錦炒苦瓜午間盤餐1050日圓為只在平日提供的超值午餐

すぱいすかふぇ ほちほち
スパイスcafe ホチホチ

在居家氛圍悠閒享用泰式料理

夫婦兩人親手烹製的泰國料理頗受好評。加入料理中的泰國香料皆為自家後院栽種，午餐時段有泰式拉麵和紅＆綠咖哩等4種常備菜色。白色牆壁上畫龍點睛的插畫等室內裝潢也很有魅力。

☎098-943-1923 **住**浦添市港川2-12-3 No52 **時**12～15時LO、18時～20時30分LO(晚間限週六・日) **休**週一・二 **交**西原IC車程10分 **P**4輛 **MAP**P148B3

❶泰式拉麵和打拋豬飯1000日幣，附沙拉和飲料 ❷可用另附的辛香料增添風味

擺設著可愛的木製桌椅

 平房和方形的建築為外國人住宅的特徵。此外，復古的煤油燈及木頭窗檔等溫馨細節也是一大重點。

在洋溢異國風情的度假區
Depot Island購物

前往最受當地年輕人矚目的最新流行發信地，同時也充滿話題性的景點。
宛如踏進濃濃南國風情的異世界，將度假氣氛帶動到最高點！

[北谷町]

でぽあいらんど

Depot Island

勾起好奇心的店家櫛次鱗比

集結以時尚、雜貨、美食為主的
80間店舖，位於美濱美國村內，
充滿特色的建築物也是看點。

☎098-926-3322 🏠北谷町美浜9-1
🕐🈺視店舖而異 🚗沖繩南IC車程15
分 🅿250輛 MAP P148C1

紅型的小鳥圖案很可愛

沖繩風針織女用上衣
6900日圓
以紅型染的小鳥為主角，
長版上衣也很適合搭配牛
仔褲…D

可愛的南國設計

琉風玉耳環
3570日圓
淡雅的色彩中包裹住玻
璃雕花，細緻的做工是
一大賣點…B

時鐘塔是象徵地標

ROXY 比基尼上身
7800日圓
ROXY 比基尼下身
5800日圓（單色）、
6800日圓（花樣）
人氣品牌ROXY的產
品。鮮豔的顏色令人印
象深刻…A

往恩納·讀谷方向
Depot Island
Oak
Fashion樓   •A&W
58
桑江
美濱美國村
AEON北谷
•購物中心
北谷公園   🅰The Beach
夕陽海濱   Tower OKINAWA
北谷公園
往那霸方向

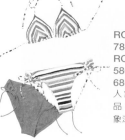

也別忘了逛逛沿海！
「Oak Fashion樓」
有咖啡廳等7間店舖，位於Depot Island的西側，可以一面欣賞海景一面購物。☎098-983-7888(オークイデア) **MAP**P76

髮圈 2200日圓
大片玻璃內鑲有花朵的設計，既簡單又搶眼…Ⓑ

穿在泳衣外也很好看

ROXY 短褲
7800日圓
大膽的配色再加上自然奔放的花紋圖案，十分可愛…Ⓐ

礦石戒指 1080日圓
鮮豔粉色的礦石能讓指尖更加耀眼…Ⓒ

涼鞋耳環 324日圓
敏感肌膚也可以安心配戴的塑膠材質，價格實惠更是令人開心…Ⓒ

Poloyushi 6990日圓
度假區必備的沖繩風休閒衫「Poloyushi」，創始店為Habu Box…Ⓓ

本島中部 ● 在Depot Island購物

商店DATA

でぽあいらんど
Ⓐ Depot Island
販賣牛仔褲、T恤等休閒風格的進口服飾，也有許多衝浪品牌、度假風的全身穿搭等。
☎098-926-3322 ⏰10〜22時 **休**無休

がらすあくせさりー＆とんぼだまのおみせ
のらりあんどくらり
ガラスアクセサリー＆とんぼ玉のお店
Ⓑ Norari & Kurari
網羅約20名活躍於日本的琉璃珠藝術家的作品，由師傅精心製作的飾品，散發出耀眼的動人光芒
☎098-989-6482 ⏰11〜21時 **休**無休

らぐーん みはまでぽあいらんどてん
la.goon
Ⓒ 美濱Depot Island店
主要販售繪有扶桑花、雞蛋花等充滿南國風味的原創雜貨，合理的價格也十分窩心。
☎098-936-5551 ⏰10〜21時 **休**無休

はぶぼっくす あからてん
Ⓓ Habu Box AKARA店
以沖繩為創作靈感製作的原創T恤相當受歡迎，在沖繩設有多家店舖，尤其以AKARA店擁有最多的款式。
☎098-936-8239 ⏰11〜21時 **休**無休

來點美式料理填飽肚子

といきっちん
Toy KITCHEN
該店的招牌菜為酪梨雞肉飯，美味的祕訣來自以美乃滋為基底的特製醬料。此外還有夾入厚切培根的ABC漢堡等餐點。
☎098-926-0818
⏰10〜21時
休無休

持續擄獲遊客胃口的酪梨雞肉飯580日圓

想欣賞沖繩日暮就到這裡
西海岸的海景兜風

所需時間
5時間

橫貫恩納村的國道58號，是沖繩首屈一指的濱海道路。
一面欣賞沖繩特有的日落景觀，來趟舒爽的濱海兜風吧。

約40km

START!

那霸市區

黃昏景色也很美

▲推薦在燈塔下或連同燈塔一起眺望夕陽

發現巴士打造的商店了

1 残波岬公園
ざんばみさきこうえん

**與碧海相輝映的燈塔
烙印旅遊回憶**

突出於東海的岬角，凹凸不平的隆起珊瑚礁斷崖連綿近2公里。岬角一帶設有步道（約2公里），可在輕鬆散步之下眺望美景。點綴岬角景致的燈塔高達30公尺，為南西群島中最大的燈塔。

☎098-958-0038(残波岬いこいの広場Ti-da33) 🏠読谷村宇座1861 ¥免費 ⏰自由參觀 ※燈塔已從2014年12月起重新開放 🚗石川IC車程30分 🅿270輛 **MAP** P150A2

約10km

2 真榮田岬
まえだみさき

**朝海洋無限延伸的長長階梯
留下深刻印象**

位在穿過甘蔗田的前方，是相當知名潛水入門景點。潛水專用設施、可眺望岬角的小亭等也相當完備。

☎098-982-5339(真榮田岬管理事務所) 🏠恩納村真栄田 ¥免費 ⏰自由參觀 🚗石川IC車程15分 🅿180輛(1小時100日圓) **MAP** P151E4

約4km

有許多潛水客

美味的披薩謝謝招待

黃昏景色也很美

▶從散步道走上約200公尺可到的夕陽之丘，從此眺望出去的景觀最迷人

約4km

3 カフェギャラリー土花土花
かふぇぎゃらりーどかどか

與西海岸景致共度午餐

海景近在咫尺的露臺座，海風吹拂而過，令人心曠神怡。不妨搭配手工比薩土花土花1300日圓（限量30份）帶有嚼勁的口感相當受歡迎。

☎098-965-1666 🏠恩納村前兼久243-1 ⏰11～19時LO(11～3月為～18時LO) 🈺第2週四 🚗石川IC車程10分 🅿13輛 **MAP** P151F4

這就是傳說中的"象鼻"
斷崖距海面高達20公尺

日落約是幾點呢？

若想欣賞夕陽西下，建議配合日落時間前往，約略時間可參照右表。不過若想拍攝萬座毛的象鼻，則建議上午前往，下午會有背光的困擾。

日 落 時 間			
1月	17:49	7月	19:26
2月	18:12	8月	19:17
3月	18:31	9月	18:50
4月	18:46	10月	18:17
5月	19:01	11月	17:48
6月	19:18	12月	17:37

▶那霸2014年每月1號的預測資訊（海上保安廳）

黃昏景色
也很美

▲隨著太陽西下，漸漸浮現的象鼻剪影令人印象深刻

5 みっしょんびーち
Mission Beach

有涼爽樹蔭的天然海灘

被岩石和群樹環繞的天然海灘。沙灘上有木麻黃樹的樹蔭，營造出宛如私人海灘的氣息。

☎098-967-8802 住恩納村安富祖2005-1 ¥300日圓 ⏰游泳期為4~10月，游泳時間為9~18時，海上活動全年舉行（游泳期間外需預約）休游泳期間無休 交許田IC車程20分
P100輛（1輛300日圓） MAP P152B3

約7km

宛如置身於私人海灘

4 まんざもう
萬座毛

由沖繩屈指可數的斷崖眺望海景

位於度假區的正中央，眼前一片開闊的珊瑚藍海令人目眩神迷，是沖繩首屈一指的名勝。沿著步道稍微往前走，便可看到奇岩「象鼻」，這裡是熱門的攝影景點。日落時分還可欣賞浪漫的夕陽而相當受歡迎。

☎098-966-1280（恩納村商工觀光課） 住恩納村恩納 ¥自由參觀 交嘉屋IC車程15分 P40輛 MAP P152A3

林立著洋溢昭和風情的店鋪

約4km

熱帶魚就近在眼前

ぶせなかいちゅうこうえん
かいちゅうてんぼうとうあんど
ぐらすぞこぼーと
6
部瀬名海中公園
海中展望塔&
玻璃底遊艇

走進海底世界

海中展望塔位在距離岬角外170公尺處的外海，可觀察水深約5公尺的海底世界。24面圓窗外就是色彩繽紛的熱帶魚群。

☎0980-52-3379 住名護市喜瀬1744-1 ¥1030日圓（搭配玻璃底遊艇為2060日圓）⏰9~17時30分截止入園（11~3月為~17時截止入園）休無休 交許田IC車程5分 P200輛 MAP P152C2

部瀬名海中公園 海中展望塔 6
&玻璃底遊艇
Mission Beach 5
許田IC
宜野座IC
萬座毛 4
58 沖繩自動車道
真榮田岬 2
88 329
屋嘉IC 金武IC
石川IC 金武灣 金武岬
6 金武IC
2 カフェギャラリー
土花土花 3
陶瓷器之里
12 宮城島
74 安座間島
沖繩北IC 海中道路
濱比嘉島
1 殘波岬公園 沖繩南IC 藪地島
330 中城灣港
N 58 中城灣港
5km 北中城IC

GOAL!

許田
IC

約3km

📖 萬座毛的地名，據傳是來自琉球國王曾說過的「足以讓萬人席地而坐的廣大草原」。

兜風途中肚子餓了的話
"沖繩休息站"是最方便的選擇

在道之驛站等販賣有當地特產的"沖繩休息站"，
有許多獨特的熟食和點心，不妨當做兜風時的小點心吧？

炸豬腳
2個480日圓
由於在油炸前已先滷過，口感柔嫩，南蠻黑醋醬十分好吃
🏠 豚三郎

> 說到沖繩必吃的
> 小點心就是這個！

天麩羅
100g150日圓
除了最經典的花枝和魚肉之外，也吃得到苦瓜等沖繩食材
🏠 恩納村水產物直売所

> Q彈軟嫩的口感
> 是一大亮點

> 冰淇淋融化後
> 風味更加濃郁

百香果冰沙 430日圓
大量使用恩納村產水果。
冰沙口感清爽
🏠 琉冰 Ryu-pin

島豬香腸
1支200日圓
將島豬的美味濃縮在這1支香腸中，有加入島產路蕎等4種口味
🏠 A·DA·N

> 一咬下便四溢
> 香甜的肉汁

恩納村
おんなのえき なかゆくいいちば
恩納休息站
なかゆくい市場

衝著在地美食的遊客絡繹不絕

面朝停車場而設的路邊攤風店舖是這裡的著名景點。有10間左右的海產、魚板和甜點等專賣店林立，販售許多充滿原創性的食物。也設有桌子及長椅，方便休憩。

☎098-964-1188 🏠恩納村仲泊1656-9
🕙10～19時 📅無休 🚗石川IC車程10分
🅿150輛 MAP P151F4

> 南國水果
> 共譜夢幻滋味

冰山（刨冰）
熱帶水果 1000日圓
豪邁擺滿芒果、鳳梨等當季水果，
也可以和朋友分享新鮮滋味
🏠 琉冰 Ryu-pin

> 吃得到滿滿的
> 墨魚鮮甜

2樓的麵包店也深獲好評

> 只有鮮魚店
> 才吃得到的塔可飯

海鮮塔可飯
4個500日圓
使用鮪魚等魚類代替豬絞肉，吃得到魚店的用心
🏠 恩納村水產物直売所

墨魚炊飯
2個150日圓
將墨魚加入高湯蒸煮而成的沖繩風炊飯
🏠 A·DA·N

在基地區內的
休息站享用
知名漢堡

ロータリードライブインUP-KITTY位
於美軍嘉手納基地旁的嘉手納休息
站內，這裡最暢銷的JUMBO起司
漢堡600日圓幾乎和臉一樣大。
☎098-956-5819 MAP P150B4

乙羽義式冰淇淋
（紅芋）310日圓
100%使用今歸仁村產
的新鮮生乳，濃醇的風
味很受歡迎
🏠 おっぱジェラート工房
道の駅許田店

以沖繩素材
製作的冰涼甜點

不禁想一次
買下多種口味品嘗

魚板串
1支110日圓～
將魚板以油炸方式調理是
沖繩魚板的特色，也提供
辣味等多種口味
🏠 外間かまぼこ工房

切塊水果
100日圓～
將當季水果切成容易入口
的大小。可以品嘗市面上
較少見的熱帶水果風味
🏠 山原物產中心

南國滋味
在口中擴散開來

享用高級豬肉
製成的熱食點心

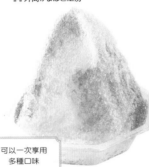

彩虹刨冰
300日圓
4種色彩的糖漿繽紛美味，刨冰的
高度逼近臉蛋大小，十分驚人！
🏠 やんばる物產センターパーラー

名護市

みちのえききょだやんばるぶっさんせんたー

許田休息站
山原物產中心

網羅北部12個市町村的特產

1994年開幕，沖繩第一家休息站，
同時也是做為沖繩北部觀光的一大
休憩點而廣為人知。這裡設有美食
區也提供內用，館內還售有蔬果及
加工食品。

☎0980-54-0880 🏠名護市許田17-1
🕗8時30分～19時 休無休 🚗許田IC車
程3分 🅿130輛 MAP P152C2

恰古豬炸肉餅
1個200日圓
許田休息站的獨創點心，使用珍
貴的高級豬肉「恰古豬」製成
🏠 やんばる物產センターパーラー

可以一次享用
多種口味

外酥內軟的
沖繩經典點心

能讓炎熱夏天
清涼一下的良伴

開口笑 1個各90日圓
使用紅芋、黑糖等沖繩食材的口味相當
受歡迎
🏠 サーターアンダギー專門店 みつや本舖

黑糖蜜紅豆冰
300日圓
大量使用今歸仁村產的黑糖蜜，
樸實的甜味療癒人心
🏠 やんばる物產センターパーラー

佇立於許田IC附近的本島北部入口

不妨到這裡走走！

本島中部的推薦景點

うらそえようどれ
浦添極樂陵

將琉球國王長眠的陵墓修復而成

據傳是在琉球統一前的13世紀左右，由掌權的英祖王所興建，17世紀左右由琉球王國第二尚氏王朝的尚寧王修繕。附設的「極樂陵館（ようどれ館）」展示有考古出土的文物等。**DATA ☎**098-874-9345（浦添極樂陵館）**住**浦添市仲間2-53-1 **免費 ⏰**8時30分〜18時 **無休**（極樂陵館為**￥**100日圓 **⏰**9〜17時 **休**週一）**P**50輛 **交**西原IC車程10分 **MAP**P148B3

かかずたかだいこうえん
嘉數高台公園

可眺望美軍普天間機場

利用隆起的天然森林所設立的公園。沖繩島戰役時，此地曾為戰況最激烈的「嘉數之戰」戰場而聞名。公園內除了有弔唁陣亡士兵的慰靈塔外，還有地球儀形狀的觀景塔，可遠眺殘波岬及慶良間群島。**DATA ☎**098-897-2751（宜野灣市海浜公園指定管理社はごろもパークマネジメント）**住**宜野灣市嘉数 **⏰**6〜22時 **交**西原IC車程55分 **P**18輛 **MAP**P148B3

なかむらけじゅうたく
中村家住宅

倖免於沖繩戰火下的富農住宅

座落在中城城址的不遠處，建於18世紀中葉，被列入日本的重要文化財。屋內可見廚房、一番座、二番座等沖繩特有的建築樣式，透過保存下來的房間，可一窺當時的生活樣貌。絕對不可錯過這座保有紅瓦屋頂等宏偉壯觀的古建築。**DATA ☎**098-935-3500 **住**北中城村大城106 **￥**500日圓 **⏰**9時〜17時30分 **休**無休 **交**北中城IC車程6分 **P**25輛 **MAP**P149D2

こざげーとどおり
KOZA GATE大街

漫步在異國風情洋溢的街景中

連接嘉手納基地第二大門與胡屋十字路，全長約400公尺的街道。掛著英文招牌的商店林立，充滿異國情調。由於沿街上有許多Live House等及酒吧，越晚越是熱鬧，更能體驗宛如置身於美國的光景。**DATA ☎**098-989-5566（沖繩市觀光協會）**住**沖繩市中央 **⏰**自由通行 **交**沖繩南IC開車即到 **P**路邊有（需付費）**MAP**P149D1

みにみにどうぶつえんたまごや
ミニミニ動物園たまご屋

帶來歡笑的互動式動物園

可近距離接觸眼前圓滾滾的駱馬、會打招呼的鸚鵡、怕生的穿山甲、充滿好奇心的沙袋鼠等可愛動物。商店內售有巨無霸奶油泡芙130日圓等，使用新鮮雞蛋製作的手工甜點，頗具好評。免費入園也是這裡的一大優點。**DATA ☎**098-973-4323 **住**うるま市赤道660 **￥**免費 **⏰**8時30分〜19時 **休**無休 **交**沖繩南IC車程10分 **P**100輛 **MAP**P150C4

ぬちまーすかんこうせいえん
ふぁくとりー ぬちうなー
生命之鹽觀光製鹽工廠 命御庭

參觀如白雪飄落般的製鹽過程

從眼前的大海汲取海水，到製成礦物海鹽、生命之鹽（ぬちまーす）的製鹽過程，導覽會帶領遊客一路介紹。**DATA ☎**098-983-1140 **住**うるま市与那城宮城2768 **￥**免費 **⏰**9〜17時30分（咖啡廳・餐廳為10時〜，週四僅提供輕食）**休**無休 **交**沖繩北IC車程50分 **P**40輛 **MAP**P149F3

みやぎかいがん
🎵宮城海岸

坐在防波提上欣賞日落美景

面朝東海約1公里長的海岸線，濱海步道上更設有休憩處，可在此放鬆度過。這裡同時也是著名的潛水和日暮景點，每到週末便會湧進大批人潮，相當熱鬧。位置就在美濱美國村附近，不妨搭配購物行程一同造訪。**DATA ☎**098-926-5678（北谷町觀光協會）**住**北谷町宮城 **⏰**自由參觀 **交**沖繩南IC車程15分 **P**無 **MAP**P148B1

ぎのわんとろぴかるびーち
🎵宜野灣熱帶海灘

在市區內享受度假氣氛

位於距離那霸市區約20分車程處，呈巨大圓弧形的美麗沙灘廣布於此。這片海灘也吸引不少當地人前往，平日未常有家庭、團體在此烤肉，和樂融融。**DATA ☎**098-897-2759（管理事務所）**住**宜野灣市真志喜4-2-1 **￥**免費 **⏰**4〜10月的9〜19時（會有調整）**休**游泳期間無休 **交**西原IC車程10分 **P**150輛 **MAP**P148B2

いけいびーち
🎵伊計海灘

擁有清澈海水的離島首選

位於海中道路的對岸伊計島上，美麗的海洋堪稱擁有沖繩縣首屈一指的海水透明度。海浪穩定的沙灘是海水浴場的絕佳條件。提供香蕉船10分1000日圓等水上活動，也可自行攜帶帳篷露營（收費，入場費另計）。**DATA ☎**098-977-8464 **住**うるま市与那城伊計405 **￥**400日圓 **⏰**9〜17時（會有調整）**休**無休 **交**沖繩北IC車程1小時 **P**300輛 **MAP**P149F3

🎵 BIOS之丘
びおすのおか

徜徉在亞熱帶的盎然生機中

在亞熱帶植物叢生的園內，有美麗蘭花環抱的散步道及設有多項遊樂器材的廣場等，可自由漫步其中。也很推薦搭乘船頭有導遊解說遊湖的湖水觀賞船（600日圓，需時25分）。 🈺DATA ☎098-965-3400 🏠うるま市石川嘉手苅961-30 💴710日圓（入園＋湖水觀覽船的組合為1230日圓）🕘9～18時（截止入園為17時）🈵無休 🚗石川IC車程15分 🅿130輛 🗺P150C2

🎵 Gala青海
がらあおいうみ

學習沖繩海鹽的二三事

主角是沖繩海鹽的主題公園，可以在此參觀製鹽的流程、體驗製鹽（需時30分，1500日圓），不須事先預約，相當方便。此外，在園區內還有栽培了5萬株珊瑚的珊瑚田（900日圓），務必順道造訪。 🈺DATA ☎098-958-3940 🏠讀谷村高志保915 💴製鹽工程免費參觀 🕘10～18時（商店為～20時）🈵無休 🚗沖繩南IC車程40分 🅿70輛 🗺P150A3

🍴 古民家食堂 てぃーらぶい
こみんかしょくどう てぃーらぶい

在古老宅品嚐濱比嘉島料理

擁有80年歷史的老民宅彌漫著懷舊情懷，舒適到讓人不禁想曬曬太陽（店名就てぃーらぶい即為此意）。餐點提供曾入選園島嶼媽媽料理大賽的多項料理，最受歡迎的招牌定食1100日圓（照片）可從湯品、小菜、飯食中選1種。 🈺DATA ☎098-977-7688 🏠うるま市勝連浜56 🕘11～16時 🈵週二、第4週三 🚗沖繩北IC車程40分 🅿8輛 🗺P149F4

🎵 Forest Adventure IN恩納
ふぉれすとあどべんちゃーいんおんな

刺激萬分的空中滑行

挑戰森林中的體能活動，園內有在空中滑翔的高空滑索等驚險刺激的遊樂設施。參加時請務必以輕便好動的服裝來挑戰。 🈺DATA ☎098-963-0088 🏠恩納村真栄田1525 💴3600日圓 🕘9～16時30分截止受理（10～3月為～15時30分截止受理，需預約）🈵不定休 🚗石川IC車程20分 🅿150輛 🗺P150B2

🎵 ネイチャーみらい館
ねいちゃーみらいかん

以獨木舟參觀紅樹林

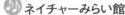

乘著獨木舟，前往廣布於億首川流域的紅樹林觀察生態。可以一面貼近草木蒼翠的紅樹林，體驗叢林探險般的樂趣。紅樹林獨木舟之旅5800日圓，需時2小時，最晚須於前一日預約。此外還有彩繪西沙獅的體驗活動1800日圓（需時2小時）。 🈺DATA ☎098-968-6117 🏠金武町金武11818-2 🕘9～17時（受理）🈵無休 🚗金武IC車程15分 🅿60輛 🗺P151F1

🛍 海上休息站あやはし館
うみのえきあやはしかん

便於休息的產地直銷海上設施

位於海中道路的海上休息站內，販賣當地特產和加工食品。附設的餐廳中，沖繩料理自助餐990日圓、牛排無限享用1380日圓～頗受好評。也可做為用午餐的場所。 🈺DATA ☎098-978-8830 🏠うるま市與那城屋平4 🕘9～19時（會有調整，自助餐廳為11～15時）🈵無休 🚗沖繩北IC車程30分 🅿300輛 🗺P149F1

---

column

稍微走遠一些前往美麗島嶼

濱比嘉島
はまひがじま

流傳著深厚的諸神傳說

位在與勝半島東南外海4公里處的島嶼，與平安座島之間以濱比嘉大橋相連。這裡流傳著琉球開闢神AMAMICHU、SHIRUMICHU的傳說，而�傳為兩位神祇的居住遺址、陵墓也被視為重要的聖地。島上有一間度假飯店和數間餐飲店，和附近的離島相比，濱比嘉島更容易造訪。 🈺DATA ☎098-978-0077（宇流麻市觀光物產協會）🏠うるま市勝連浜比嘉 💴自由參觀 🚗沖繩北IC車程40分 🅿有 🗺P149F4

據傳AMAMICHU的陵墓坐落在這座小島

全長1430公尺的濱比嘉大橋。途經平安座島、海中道路，即可由陸路往來沖繩本島與濱比嘉島

據說為2位神祇曾居住過的SHIRUMICHU的靈場，氣氛莊嚴

↑往平安座島、沖繩本島

濱比嘉大橋

AMAMICHU之墓

古民家食堂 てぃーらぶい

ホテル 浜比嘉島リゾート

濱比嘉島

SHIRUMICHU靈場

濱比嘉島
0 500m N

📖 中部地區非常盛行EISA舞，每到農曆7月15日（2014年為8月10日），沖繩市和屋慶名等地皆會舉辦EISA舞祭典。

重點看過來！
前往沖繩的聖地
能量景點

齋場御嶽自琉球王國時代開始便被視為聖地，許多信眾前來參拜。（☞P87）

重點看過來！
接觸戰爭的歷史

和平祈念公園是沖繩島戰役時戰況最激烈的地點。設立有資料館和慰靈碑。（☞P86）

重點看過來！
感受海風
前往心儀的咖啡廳

南部座落著許多可一面享受咖啡時光一面眺望海景的咖啡廳。（☞P88）

本島南部
就在這裡！

享用蛋糕
休息一下

前往濱海咖啡廳和琉球王國時代傳承至今的聖地

本島南部
ほんとうなんぶ

是這樣的地方

本島南部為沖繩島戰役的停戰地，留下許多戰爭遺跡。造訪姬百合之塔及沖繩和平祈念資料館等地，深入瞭解當時的歷史。此外，南城市擁有許多迷人的濱海咖啡廳，可搭配茶品眺望海景。知念岬附近則有沖繩首屈一指的聖地，齋場御嶽。

沖繩美麗海
水族館

沖繩自動車道

那霸機場

本島南部

齋場御嶽

access

●由那霸機場
到齋場御嶽
那霸機場走國道329、331號，約30公里

洽詢
☎098-840-8135
糸滿市商工觀光課
☎098-946-8817
南城市觀光商工課
廣域MAP P146〜147

~本島南部　快速導覽MAP~

劃出一道圓弧的 NIRAI橋·KANAI橋
橫跨在佐敷月代～知念吉富之間，高低落差約80公尺的橋樑。

齋場御嶽 (☞P87) **6**

NIRAH橋·KANAI橋

保有天然海灘景觀 新原海灘
只有當地人才知道的人氣海灘，玻璃底遊艇也會航行至此。

5 浜辺の茶屋 (☞P87)

4 中本てんぷら店 (☞P87)

3 沖繩世界 文化王國·玉泉洞 (☞P86)

2 和平祈念公園 (☞P86)

1 姫百合之塔· 姫百合和平祈念資料館 (☞P86)

観光的提要

若想盡情感受 能量景點的魅力…

南城市坐落著齋場御嶽、知念城遺址、玉城城址等和琉球神話息息相關的史蹟。不妨循著國道的路標，來趟充滿靈氣的能量景點之旅吧！

推薦的行程時間

5小時

南部區域有國道331號繞行半島1周，國道沿途散布著姬百合之塔、摩文仁之丘、濱海咖啡廳，以及琉球王國的至高聖地——齋場御嶽等景點，可出發來場深具靈氣的兜風之旅。

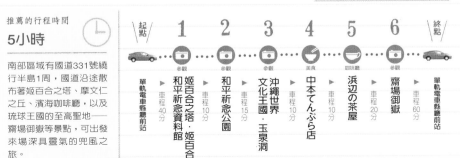

起點		1		2		3		4		5		6		終點
		參觀		參觀		參觀		美食		咖啡廳		參觀		
單軌電車縣廳前站	▶ 車程40分	姬百合之塔·姬百合和平祈念資料館	▶ 車程10分	和平祈念公園	▶ 車程15分	沖繩世界文化王國·玉泉洞	▶ 車程10分	中本てんぷら店	▶ 車程10分	浜辺の茶屋	▶ 車程20分	齋場御嶽	▶ 車程60分	單軌電車縣廳前站

據說只要站在知念岬前的「幸福橋」上，就可以獲得久高島和齋場御嶽的能量而得到幸福。要不要來試試看呢？

伴隨著爽心悅目的海洋景觀
沿著國道331號來趟南部兜風之旅

需時5小時 MAP和行程介紹 請見P85

本島南部有著戰爭遺跡、御嶽（聖地）等許多不容錯過的景點。
以國道331號沿途為重心，展開一趟巡遊重要歷史景點的旅行吧。

▲照片右側的石塔，就是最初建造的姬百合之塔

1 獻花台上滿滿的獻花
2 資料館內有倖存者描述當時情況的影像

約4km

START!

ひめゆりのとう・
ひめゆりへいわきねんしりょうかん

1 姬百合之塔・
姬百合和平祈念資料館

弔念姬百合學生的慰靈碑

為紀念在沖繩島戰役中身亡的姬百合學生而設的慰靈碑，姬百合學生隊是由沖繩師範學校女子部、沖繩縣立第一高等女子學校的師生所組成，當時徵召240名進入沖繩陸軍醫院擔任護理人員，卻有136名喪生。姬百合之塔在昭和21年（1946），由真和志村的村長，同時也是學生兄長的金城和信等人所建造，在全日本也頗負盛名。

☎098-997-2100（姬百合和平祈念資料館）
住糸滿市伊原671-1 ¥免費（資料館為310日圓）自由參觀（資料館為9～17時截止入館）休無休交豐見城IC車程20分 P100輛（可利用附近免費停車場）MAP P146B4

約4km

舞姿雄壯且充滿律動感的「SUPER EISA」每日有4場公演

おきなわわーるど
ぶんかおうこく・ぎょくせんどう

3 沖繩世界
文化王國・玉泉洞

親身體驗沖繩的歷史、文化、自然

境內坐落著鐘乳石洞・玉泉洞、毒蛇博物公園等超過10種設施的觀光主題樂園。將屋齡超過100年的古民宅移建至此，重現沖繩古早風情的琉球王國古民家聚落中，提供傳統工藝體驗活動。SUPER EISA也是必看的表演。

☎098-949-7421 住南城市玉城前川1336 ¥620日圓（通行證為1650日圓）9～18時（截止受理為17時）休無休交南風原南IC車程15分 P400輛 MAP P146C3

約8km

◀和平礎石至今仍在增設碑石中

2 へいわきねんこうえん
和平祈念公園

在戰爭遺跡公園感受和平的重要

將沖繩島戰役戰況最激烈的糸滿市摩文仁整頓成廣闊的公園地，建有國立沖繩戰歿者墓苑、日本各縣的慰靈塔碑、沖繩縣和平祈念資料館、和平礎石及沖繩和平祈念堂等設施。每年6月23日的慰靈之日，會舉辦沖繩戰歿者的追悼儀式。

☎098-997-2765 住糸滿市摩文仁 ¥免費（視設施而異）8～22時（視設施而異）休無休交豐見城・名嘉地IC車程30分 P546輛（免費）MAP P146B4

望海之丘一帶為一片綠意盎然的公園

還有其他的歷史景點

知念城遺址是歷史悠久的城池遺址，沖繩最古老的歌謠集中也曾詠唱。保有2座拱門，相當值得造訪。

☎098-946-8817（南城市觀光商工課） MAP P147E4

🚩 **4**
なかもとてんぷらてん

中本てんぷら店

奧武島名產天麩羅的極致美味！

位於漁夫之島——奧武島上，該店的天麩羅堪稱島嶼名產，是必須排隊才買得到的人氣小吃。由於該店為現炸現賣，大多都能買到熱騰騰的天麩羅，服務窩心。

☎098-948-3583 🏠南城市玉城奧武9 🕐10～19時（10～3月為～18時）休有臨時休 🚗南風原IC車程20分 P10輛（共用）MAP P146C3

▼天婦羅1個65日圓～。魚肉以及花枝是必點口味

好不容易才排隊買到的天麩羅美味加倍

約4km

傳入店內的海浪聲帶來好心情

稍微小憩片刻…

約4km

🚩 **5**
はまべのちゃや

浜辺の茶屋

在憧憬的景觀咖啡廳享用午茶

開店後便絡繹不絕的熱門咖啡廳，就坐落在海邊不遠處，滿潮時的海浪甚至會湧至窗邊，能感受置身於濱海綠洲的雅致，就坐在面海的吧檯座悠閒度過吧。

☎098-948-2073 🏠南城市玉城玉城2-1 🕐10～20時（週一為14時～，週一逢假日則為10時～）休無休 🚗南風原南IC車程20分 P20輛 MAP P147D3

早午茶套餐1000日圓供應至13時

約10km

🚩 **6**
せーふぁうたき

GOAL!

世界遺產

齋場御嶽

流傳著神秘的琉球創世傳說

據傳這片深具淵源的聖地是由琉球創世神阿摩美久所創立，琉球國王也曾來此參拜，同時也是王國地位最高的女神職——聞得大君祈求王國國土安泰的地點，至今仍有不少人前來祈願參拜。

☎098-949-1899（綠之館Sefa）🏠南城市知念久手堅 ¥200日圓 🕐9～18時（入館票販賣截止～17時15分）休2015年為6月16日～18日、11月12日～14日 🚗南風原南IC車程35分 P可利用南城市地域物產館・岬公園150輛 MAP P147F4

1走進三角岩後的深處，便是被稱為三庫理的神域 2可從遙拜處眺望被稱做神之島的久高島 3御嶽的入口，御門口

📖 齋場御嶽的入場券在南城市地域物產館（MAP147F4）販售。

87

美景盛宴大飽眼福！
在濱海咖啡廳享受愜意島嶼時光

本島南部東海岸一帶的高地上，坐落著許多以景觀為傲的咖啡廳。
眺望著美麗海洋度過咖啡時光，感受極致的幸福片刻。

這裡是
✦頭等席✦

①閃耀著湛藍光芒的清澈海洋連珊瑚礁都看得一清二楚 ②開闊的視野讓人不禁陶醉…

1

2

泰式炒飯
1140日圓
散發出濃濃異國風味的泰式炒飯

くるくま紅豆湯
420日圓
使用椰奶調配出圓潤的滋味

也推薦
✦這裡的座位✦

店內的吧檯座也可欣賞海景

南城市

あじあんはーぶれすとらん かふぇくるくま

アジアンハーブレストラン
カフェくるくま

由海拔130公尺望出的全景！
南部地區數一數二的震撼美景

可從設置在斷崖上的露臺眺望180度的壯闊景致，為該店的最大賣點。菜色以泰國主廚親自展露廚藝的正統泰國料理為主，大量使用自家栽種香草入菜的料理健康又美味，能確實吃飽的份量十分貼心。

☎098-949-1189 住南城市知念知念1190 時10〜21時（用餐為11〜20LO，週二為〜18時，用餐為11〜17時LO） 休無休 交南風原南IC車程30分 P50輛
MAP P147E4

不讓"濱海"專美於前
"山林"咖啡廳
也很受歡迎

佇立在半山腰的**山の茶屋 楽水**，是利用天然岩壁建築而成，與大自然共存的店面很受歡迎。可以享用さちばる定食1600日圓等健康的蔬食料理。
☎098-948-1227 **MAP** P147D3

> 這裡是
> 頭等席

❀ 八風畑披薩
（套餐）1200日圓。
使用當地產蔬菜。
附黑糖甜點和飲料

南城市
こくとうこうぼう・あおぞらきっさ やふうばたけ

黑糖工房·青空喫茶
八風畑

野生植物環繞的庭園咖啡廳

附設於黑糖工房旁，使用黑糖製作的黑糖布丁500日圓等十分受歡迎。由於店舖佇立在海拔100公尺的高處，可從綠意盎然的露臺一望太平洋的壯闊景觀，視野絕佳。

☎098-948-3525
🏠南城市知念知念
1319 🕙10時30
分～17時LO 🈺週三
（逢假日則營業）
🚗南風原南IC車程
30分 🅿30輛
MAP P147E4

走進入口後黑糖香陣陣撲鼻

> 這裡是
> 頭等席

❀ 戚風蛋糕
400日圓
加350日圓即可
搭配喜歡的飲品
成套餐

南城市
かふぇ ふうじゅ

CAFÉ 風樹

美麗景觀與茂密綠意的二重奏

貫穿森林的迴廊狀吧檯座、活用森林環繞的位置所建造的咖啡廳，令人留下深刻印象。其中又以2樓陽台座最為搶手，眼前便是將久高島、KOMAKA島盡收眼底的優美景致，可搭配塔可飯800日圓等輕食一同享受海景。

☎098-948-1800
🏠南城市玉城垣花
8-1 🕙11時30
分～18時LO 🈺週
二 🚗南風原南IC車
程30分 🅿15輛
MAP P147D2

林木圍繞，在盛夏也有涼爽的微風吹拂

> 這裡是
> 頭等席

❀ 蛋包飯
1200日圓（午餐）
軟嫩的蛋皮淋上
特製的多蜜醬，
味道絕配

南城市
かふぇ やぶさち

Cafe やぶさち

可優雅享受美景的摩登空間

佇立在小山丘上的店舖，可透過一整面大落地窗欣賞百名海灘的廣闊景色。主廚引以為傲的每道料理，都是擺盤精緻的美味菜餚。供應至15時的午餐附飲品及沙拉吧等。

☎098-949-1410
🏠南城市玉城百名
646-1 🕙11時～日
落 🈺週三（逢假日
則營業）🚗南風原
南IC車程25分
🅿50輛
MAP P147D3

以白色為基調的簡約
建築非常吸睛

 濱海咖啡廳集聚的南城市知念、玉城地區是一片丘陵地，可順道來趟舒爽的兜風。

不妨到這裡走走！

本島南部的推薦景點

がんがらーのたに
📷 Gangara山谷

隨著導覽漫步於鐘乳石遺跡之森

廣布在崩塌的鐘乳石洞遺跡上的山谷森林，隨著導覽一同參觀的行程約1小時20分。山谷內有巨大榕樹、古人的居住遺跡等景點，入口處還有利用洞窟地形設置的咖啡廳。**DATA** ☎098-948-4192 🏠南城市玉城前川202 💴2200日圓 🕘9～18時(電話預約)為10時、12時、14時、16時(最晚須於出發前1日預約) 🈳無休 🚗南風原南IC車程15分 🅿30輛 **MAP** P146C3

ぐすくろーど
📷 Gusuku Road

連結4處的御城

將糸數城遺址、垣花城遺址等4座御城相連，全長約4公里的道路。可進入傳說為開闢之神阿摩美久建造的玉城城址內，參觀壁裂岩石而成的拱門等。沿路有Gusuku Road公園。**DATA** ☎098-948-4611(南城市觀光協會) 🏠南城市玉城 🕘自由參觀 🚗南風原南IC車程20分 🅿有 **MAP** P147D3

かきのはなひーじゃー
📷 垣花樋川

天然湧泉是當地的綠洲

位於可眺望大海的高地山腰，石製導水管源源不絕地湧出清涼泉水。清澈的湧泉宛如天然游泳池，每到夏天便有許多來玩水的孩童、前來消暑的家庭，十分熱鬧，是備受當地人喜愛的休憩地點。**DATA** ☎098-948-4611(南城市觀光協會) 🏠南城市玉城垣花812 🕘自由參觀 🚗南風原南IC車程20分 🅿利用垣花農村公園(免費) **MAP** P147D2

にらいばし・かないばし
NIRAI橋・KANAI橋

南部地區首屈一指的兜風路線

高低落差約80公尺、全長1.2公里的連絡橋。如髮夾般畫出一道圓弧狀的橋樑，沿途可欣賞一望無際的壯觀海景。橋上還設有能俯瞰大海全貌的觀景台，務必順道造訪。**DATA** ☎098-948-4611(南城市觀光協會) 🏠南城市知念 🕘自由通行 🚗南風原北IC車程40分 🅿無(橋上禁止停車) **MAP** P147E4

ちねんみさきこうえん
📷 知念岬公園

可遠眺海天一色的遼闊景致

在當地能眺望美麗日出的景點而聞名。突出於太平洋上的岬角，可在此遙望久高島、KOMAKA島的一片清新美景。除了可在停車場附近的小亭欣賞岬角全景外，也鋪設有步行5分可到岬角前端的步道。**DATA** ☎098-948-4611(南城市觀光協會) 🏠南城市知念久手堅 🕘自由參觀 🚗南風原北IC車程40分 🅿150輛 **MAP** P147F4

きゃんみさき
📷 喜屋武岬

欣賞壯麗海景，本島最南端的海岬

穿過田間道路，即可抵達超過30公尺高的斷崖，廣闊無垠的綠海洋就在眼前展開。周邊已被列入沖繩戰跡國定公園，還有燈塔、戰歿者的慰靈碑「和平之塔」聳立，以及瞭望台及廁所，做為兜風途中的休息站也相當方便。**DATA** ☎098-840-8135(糸滿市商工觀光課) 🏠糸滿市喜屋武 🕘自由參觀 🚗豐見城・名嘉地IC車程20分 🅿20輛 **MAP** P146A4

きゅうかいぐんしれいぶごう
📷 舊海軍司令部戰壕

完整保留戰爭時期的模樣

由日本海軍挖掘的地下陣地。據傳是使用鐵鍬和鏟子挖掘而成，有許多士兵在戰壕內壯烈犧牲。目前僅開放約300公尺，戰壕內的司令官室等仍保存著當時的模樣。**DATA** ☎098-850-4055 🏠豐見城市豐見城236 💴440日圓 🕘8時30分～17時30分(10～6月為～17時) 🈳無休 🚗豐見城・名嘉地IC車程6分 🅿70輛 **MAP** P146A1

ちねんかいようれじゃーせんたー
🎵 知念海洋休閒中心

前往太平洋上的無人島，KOMAKA島

位於本島南部知念岬的休閒中心，也是本島前往KOMAKA島的船隻每30分一班。島上除了海水浴場外，也可享受浮潛6000日圓等海上活動。島上只設有洗手間，更衣室等設施則在休閒中心的港口處。**DATA** ☎098-948-3355 🏠南城市知念久手堅676 💴2500日圓(來回乘船費用) 🕘9～17時無休(天候不佳時停駛) 🚗南風原南IC車程40分 🅿150輛 **MAP** P147F4

とよさきちゅらさんびーち
🎵 豐崎美麗SUN海灘

在遼闊的海灘悠閒戲水

就在沖繩奧特萊斯購物城Ashibinaa附近，離那霸機場也只有車程15分的距離，推薦給回程前想把握時間戲水的人。約700公尺長的沙灘為沖繩南部第一大。**DATA** ☎098-850-1139(豐崎美麗SUN海灘管理棟) 🏠豐見城市豐崎5-1 💴免費 🕘游泳期間為4～10月的9～18時(7、8月為～19時) 🈳游泳期間無休 🚗豐見城・名嘉地IC車程6分 🅿800輛 **MAP** P146A2

いとまんぎょこうふれあいこうえん・びびびーちいとまん
♫ 糸滿漁港ふれあい公園・美美海灘糸滿

也很推薦在南部兜風時順道造訪

由於海灘前方有防波提，海浪平緩，可安心游泳。也提供烤肉服務，可當天報名。**DATA** ☎098-840-3451 **住**糸滿市西崎町1-6-15 **¥**免費 **時**游泳期間4～10月的9～18時(會調整) **休**游泳期間無休(11～3月為週二) **交**豐見城・名嘉地IC車程10分 **P**630輛(1日500日圓，11～3月免費) **MAP**P146A3

おきなわまんまるかふぇ なんじょうてん
☕ 沖縄まんまるカフェ南城店

眼前無垠的海景撼動人心

從開放式的大片窗戶望出去，便可眺望久高島及沙灘的絕佳位置。想伴隨美景一同品嘗的菜單，有天然酵母麵包配上自製冰淇淋及鳳梨果醬的蜜糖土司800日圓等。**DATA** ☎098-948-4050 **住**南城市知念安座真1106-1 **時**10時30分～18時LO **休**無休 **交**南風原北IC車程30分 **P**13輛 **MAP**P147F4

おきなわあうとれっともーるあしびなー
🛍 沖縄奧特萊斯購物中心 Ashibinaa

鄰近那霸機場的超值購物地點

日本最南端的暢貨中心，可用2～7折的折扣買到國際品牌的商品。店鋪總數多達100多間，除了伴手禮店外還有甜點專賣店。**DATA** ☎098-891-6000 **住**豐見城市豐崎1-188 **時**10～20時(餐廳視店鋪而異，新年期間的營業時間有異) **休**無休 **交**豐見城・名嘉地IC車程5分 **P**1000輛 **MAP**P146A2

ちゃどころ まかべちなー
🍵 茶処 真壁ちなー

在紅瓦古民宅放慢腳步

倖免於戰爭波及的琉球古民宅，建於明治24年(1891)左右，隨處散發出歷史風情，深具魅力。餐點以吃得到豬肉高湯風味的三層肉沖繩麵(中)570日圓等沖繩麵為主，再加上甜點等咖啡輕食等豐富選擇。**DATA** ☎098-997-3207 **住**糸滿市真壁223 **時**11～16時LO **休**週三(另有每月休1日) **交**豐見城・名嘉地IC車程25分 **P**15輛 **MAP**P146B4

くぅーすのもり ちゅうこうぐら
🛍 くぅーすの杜 忠孝蔵

初學者到酒藏都愛不釋手的酒窖參觀

獲頒泡盛品鑑評會最高榮耀等多項殊榮的泡盛酒廠—忠孝酒造所開設的酒窖參觀設施。館內有重現古早釀酒情景的手工泡盛工廠、木造古酒窖等，也別錯過了工作人員隨行導覽的酒窖參觀。**DATA** ☎098-851-8813 **住**豐見城市伊良波556-2 **時**9～18時(酒窖參觀為9～17時，每30分舉行) **休**無休 **交**豐見城・名嘉地IC開車即到 **P**50輛 **MAP**P146A2

りゅうきゅうがらすむら
🛍 琉球玻璃村

沉醉在色彩繽紛的玻璃之美中

沖繩縣內規模最大的玻璃工房。店內陳列著工房製作的玻璃製品，擁有直營店才有的豐富款式，提供配送至日本各地的服務(須洽詢)，還有玻璃製作體驗(1620日圓～／需時5分～)等多種課程。**DATA** ☎098-997-4784 **住**糸滿市福地169 **時**9～18時(玻璃製作體驗為11時、14時、16時) **休**無休 **交**豐見城・名嘉地IC車程20分 **P**60輛 **MAP**P146A4

column
稍微走遠一些前往美麗島嶼

くだかじま
久高島

原始風貌留存至今的"神之島"

傳說中琉球開闢之神阿摩美久降臨此地，島內散布著多處聖域。由於久高島又被稱為神之島，近年來深受能量景點風潮影響，造訪人數持續增加中。遊逛島上以租借自行車為主流，1小時300日圓，2小時便可繞上島嶼一圈。**DATA** ☎098-946-8817(南城市觀光商工課) **住**南城市知念久高 **¥**自由參觀 **交**安座真港搭乘高速船約15分，久高渡輪20分(南風原北IC車程30分至安座真港) **P**有 **MAP**P147F2

有五穀發祥傳說的伊敷海濱

舉行重要祭祀活動的御殿庭

綿延至島嶼最北端KABERU岬的單條道路

久高島
0   500m   N

往沖繩本島、安座真港
南城市
KABERU海岬
ウガン浜
久高島
伊敷海濱
御殿庭
久高島船候船處

📖 糸滿市相當盛行划龍舟競賽(ハーリー)，每年農曆5月4日(2015年為6月19日)皆會舉辦糸滿划龍舟大賽。

在慶良間群島・座間味島
度過悠閒的海洋時光

2014年3月被列入國立公園的慶良間群島，
其中最主要的島嶼便是座間味島。
就由那霸當日來回，沉浸在極致的海洋時光吧。

避客眾多的古座間味海灘

在座間味島放鬆身心♪

有珊瑚和熱帶魚
熱情迎接

若想體驗潛水的話…
約需2小時，費用10800日圓，
最晚需於前日預約。詳請請參考
「marine shop HEART LAND」
（☎098-987-2978）。

ざまみじま
座間味島是
這樣的地方

位於那霸西邊約40公里處，浮在
東海上的有人島。周邊海域的海
水相當清澈，潛水景點多集中於
島嶼附近，深受全球潛水客矚目。

洽詢 座間味村觀光協會
☎098-987-2277

交通方式
前往座間味島的交通方式，須從暱稱為
「TOMARIN」的泊港出發，搭乘渡輪
約2小時，高速船則為50～70分。若想
當日來回，建議搭乘高速船。
【TOMARIN】美榮橋站步行10分
MAPP142C1

●座間味島內的行動方式
由於聚落就位在座間味港附近，若只是
在聚落內行動的話步行即可。此外，若
想從港口前往古座間味海灘，有1日5
班左右的村營巴士行駛其間。

巨大的鯨魚就在眼前

若想參加賞鯨行程的話…
12月下旬～4月上旬左右舉辦。約需
2小時，費用5250日圓。詳情請洽
「座間味村賞鯨協會」
（☎098-896-4141）。

座間味島
古座間味海灘

沖繩本島
泊港

渡嘉敷島

阿波連海灘

前往島上的餐廳

若想用午餐的話…
提供沖繩料理及定食等多種
選擇的「レストランまるみ
屋」（☎098-987-3166）是
島上的家庭式餐廳。推薦每
日午餐（照片）680日圓。

在緩慢的生活步調中
孕育出的沖繩風味

沖繩麵、沖繩炒什錦、島產蔬菜料理、
大量使用南國水果的甜點。
旅行途中，盡情品嘗南國陽光孕育出的食材
所製成的美味沖繩佳餚吧。

沖繩美食巡禮
就由沖繩麵開始

湯頭和配料都極具特色的沖繩麵。比起烏龍麵或是拉麵，
在沖繩，還是當地特有的這道麵食最受歡迎。

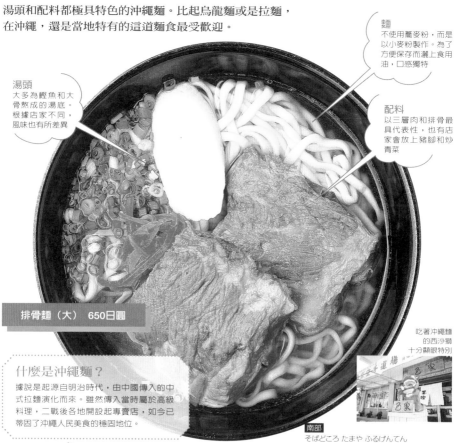

麵
不使用蕎麥粉，而是
以小麥粉製作。為了
方便保存而灑上食用
油，口感獨特

湯頭
大多為鰹魚和大
骨熬成的湯底。
根據店家不同，
風味也有所差異

配料
以三層肉和排骨最
具代表性，也有店
家會放上豬腳和炒
青菜

排骨麵（大）　650日圓

吃著沖繩麵
的西沙獅
十分顯眼特別

什麼是沖繩麵？
據說是起源自明治時代，由中國傳入的中
式拉麵演化而來。雖然傳入當時屬於高級
料理，二戰後各地開設起專賣店，如今已
蒂固了沖繩人民美食的穩固地位。

南部
そばどころ たまや ふるげんてん
そば処 玉家 古堅店

**講究鰹魚風味的高湯
和麵條的完美和諧**

貫徹「正港沖繩麵」的準則，擄獲老
闆胃口的微細麵，再加上研究出與麵
條最為搭配的湯頭，兼具鰹魚和豬骨
的濃醇風味，可以理解為何能深受饕
客支持。

☎098-944-6886 南城市大里古堅913-
1 10時45分～18時 無休 南風原北
IC車程8分 40輛 MAP P146C1

小知識！ 沖繩麵的調味料

泡盛辣椒
將島產辣椒以泡盛醃
製的超辣調味料

沖繩艾草
加入熱湯中便能帶來
截然不同的風味

紅薑
與豬骨湯非常搭，外
觀也很鮮豔

沖繩美食

94

美麗的紫色！
摻入紅芋的麵條
也不容錯過

在讀谷村的**番所亭**，可品嘗到使用紅芋製麵的竹簾紅芋麵810日圓（照片）。散發淡淡紅芋香氣的麵條，連外型也十分驚艷，為附排骨蓋飯的豪華套餐。

☎098-958-3989 **MAP** P150B3

【首里】
しゅりそば

首里そば

口感令人驚艷的手打麵

這間店最大的特色，就是耗費時間手工揉製出的獨一無二手打麵條，吃得到紮實有嚼勁的細膩口感非常突出，功夫深厚的清爽湯頭叫人上癮。

☎098-884-0556 **住**那霸市首里赤田町1-7
①11時30分～售完打烊 **休**週日 **交**首里站步行4分 **P**7輛 **MAP** P157C3

清澄且鹽味明顯的湯頭，僅使用鰹魚的一番高湯烹煮而成

有時甚至在14時左右便售罄

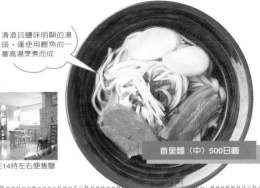

首里麵（中）500日圓

加入沖繩艾草製成的麵條呈現鮮艷的綠色。沖繩艾草的香味在口中散開

沖繩艾草麵（中）670日圓

【那霸】
めんどころてぃあんだー

麺処てぃあんだー

享用滑溜入口的自製麵條

放置數天熟成的自製麵條，有著堅韌的彈性和滑溜的口感。透明的高湯為高雅的鰹魚口味。麵條可選擇細麵或粗麵。

☎098-861-1152 **住**那霸市天久1-6-10
①11～15時（售完打烊） **休**週一 **交**歌町站步行15分 **P**6輛 **MAP** P143D1

宛如咖啡廳般的店內也很受女性顧客好評

【那霸】
そばどころ すーまぬめぇ

そば処 すーまぬめぇ

在巷弄中發現名店！

由民宅翻修而成的店舖，雖然位於較難尋找的小巷中，還是有許多消息靈通的當地饕客前來品嘗。風味爽口的湯頭，即使喝到最後一口也不嫌膩而深獲好評。

☎098-834-7428 **住**那霸市國場40-1
①11～16時（售完打烊） **休**週一 **交**那霸IC車程10分 **P**13輛 **MAP** P143E4

瀰漫著居家氛圍

放上排骨、三層肉、豬腳…等人氣配料的奢侈美饌

特製沖繩麵700日圓

由於沖繩麵（沖繩そば）在昭和53年（1978）10月17日正式列為專有名詞，隔年起便將10月17日訂為「沖繩麵之日」。

食堂菜單的必點料理
不容錯過的沖繩炒什錦

所謂沖繩炒什錦（チャンプルー）便是指快炒料理，將島豆腐及蔬菜以高湯、鹽和胡椒等調配出美味菜餚，最適合配上一碗白飯享用。

什錦炒豆腐
500日圓

主要食材
就是這個！

島豆腐

將沖繩麵的高湯加入味噌攪拌，再以炒煮的方式調理，豆腐相當入味。

什錦炒苦瓜
定食 800日圓

主要食材
就是這個！

苦瓜

將切成輪狀的苦瓜加入島豆腐、豬肉罐頭等一同快炒，再加上蛋拌炒出圓滑口感。

那霸
たからしょくどう
高良食堂

一枚硬幣即可輕鬆享用沖繩料理

供應的菜色多為不到500日圓的貼心價格，就連沖繩麵也只要300日圓，便宜的驚為天人。由於開店當時便堅持少油調理，每道都是健康無負擔的菜餚，甚至有人天天報到。所有菜色加150日圓即附迷你紅豆湯。

☎098-868-6532 住那霸市若狹1-7-10 ⏰10～21時 休不定休 交縣廳前站步行12分 P15輛
MAP P142C2

營業將近40年，是不論任何時段都有顧客造訪的人氣餐廳

那霸
はながさしょくどう
花笠食堂

凝聚沖繩食堂魅力的名店

冰茶無限暢飲，定食可從玄米飯、白飯、紅豆飯中選擇等，獨特的服務帶來極高人氣。味噌煮絲瓜800日圓、中味汁定食800日圓等沖繩料理應有盡有，份量十足，是沖繩食堂的一大代表。

☎098-866-6085 住那霸市牧志3-2-48 ⏰11～20時LO 休無休 交牧志站步行10分 P無
MAP P145D3

位於國際通附近。在遠處也很明顯的黃招牌和展示櫃是指標

在沖繩
木瓜也可以
做成炒什錦？

木瓜在沖繩被視為蔬菜而非水果，會以什錦炒木瓜的方式食用，據說營養價值高，特別適合女性滋補。照片為**家庭料理の店まんじゅまい**的招牌炒木瓜單點650日圓。

**什錦炒車麩
（單點）650日圓**

將麩使用桶底醬油等獨門配方進行調味。車麩有著軟綿綿的口感，與蔬菜十分相襯。

主要食材
就是這個！

車麩

那霸
かていりょうりのみせ まんじゅまい
家庭料理の店 まんじゅまい

不需在意時間，放心享受沖繩料理 的 上方對應

40年來堅守不變的原汁原味

雖然店家鄰近國際通，位於當地客人與遊客皆會造訪的地點，但口味是以當地客人為取向。味噌炒絲瓜600日圓、自製豆腐花定食600日圓等，定食類的餐點大多都是600日圓，十分平民。

☎098-867-2771 住那霸市久茂地3-9-23 營11時～21時30分LO（週二為～15時、週日為～17時）休不定休 交縣廳前站步行3分 P無 MAP P144B3

有榻榻米座與桌椅座。晚上也可做為居酒屋

**什錦炒素麵
500日圓**

將燙過的素麵加入韭菜、鮪魚拌炒而成，只以鹽和胡椒調味的樸實料理。

主要食材
就是這個！

素麵

那霸
おしょくじどころ みかど
お食事処 みかど

不需在意時間，放心享受沖繩料理

由於大多的沖繩食堂關門時間較早，而有了這家24小時營業的餐廳，即使時間稍晚也能供應晚餐，非常貼心。經典沖繩料理應有盡有，每道都是價格合理的菜餚。將熱炒蔬菜盛在飯上的強棒飯600日圓是餐廳的名菜。

☎098-868-7082 住那霸市松山1-3-18 營24小時 休母親節等 交縣廳前站步行8分 P無 MAP P144A2

國道58號沿線上，咖啡廳般的店面，讓新客人也能輕鬆入店

 即使食堂的菜單上並沒有註記定食，一般還是會附白飯和湯，若點了「炒什錦和白飯」就會送上2碗白飯，須特別留意。

南國陽光孕育出的自然恩典
大口享用島產蔬菜料理

蘊含豐富礦物質的土壤滋養出的島產蔬菜，是沖繩料理不可或缺的食材。
活用營養滿分素材烹製的健康菜餚，連心靈也跟著飽滿起來。

飯後必吃

りょうりこうぼう・てだこてい

料理工房・てだこ(^O^)亭

沖繩一流食材變身義大利美饌

使用鄰近市場進貨的島產蔬菜，可以
吃到一天所需蔬菜量350公克的太陽
沙拉1200日圓（照片後）等，實在的
滋味頗受好評。

☎098-860-0150 住那霸市松尾2-11-4
⏰18～22時，20時餐點LO，21時飲品甜
點LO※建議預約 休週一・二・三，盂蘭盆節
休 交牧志站步行10分 P無 MAP P145D3

甘蔗奶酪500日圓

預算為1人3000～4000日圓　可盡情享用沖繩美味（※照片為菜單一例）

（沖繩最具代表性的
島產蔬菜）

在此介紹沖繩居民長壽的祕
訣——傳統的島產蔬菜。雖
然每樣蔬菜獨具特色，但都
有著高營養價值的共同點。
由於是在沖繩的強烈日照下
生長，富含豐富的維他命與
礦物質。

苦瓜

全年皆有。沖繩最具代表
性的夏季蔬菜，含有豐富
維他命C，苦味更有促進食
慾的效果

絲瓜

7～9月是產季。開花後約2
週結成的新鮮果實即可食
用，多以味噌烹煮食用

島產路蕎

12～6月採收。特色是有著
類似蔥的強烈辣味與香
氣，以醃漬及炸天麩羅的
方式調理

島產蔬菜和五穀的漢堡排1000日圓（照片前）

飯後必吃

うきしまがーでん

浮島ガーデン

搭配紅酒享用的優雅
島產蔬菜料理

嚴選沖繩縣產的無農藥蔬菜，推出完
全不使用任何動物性食材的生機飲食
菜餚。可搭配有機紅酒（杯）600日
圓～一同享用島產蔬菜料理。

☎098-943-2100 住那霸市松尾2-12-3
⏰11時30分～14時30分LO、18～22時
LO 休無休 交牧志站步行10分 P有特約停
車場 MAP P144C3

紅芋塔500日圓～。
有著樸素的風味

將老民宅重新翻修

可一次品嘗各式各樣島產蔬菜的早餐，值得注目。

沖繩第一ホテル的早餐3150日圓頗受好評。提供日本前胡沙拉、醋味噌拌紅鳳菜等，多達50種料理竟然只有585大卡。早餐為8時～。
※最晚須於前日訂位
☎098-867-3116 MAP P144C2

中部
かふぇ がらまんじゃく
Café がらまんじゃく

在紅瓦屋品嘗沖繩料理的原點

追求長壽與排毒，將沖繩產的藥草、蔬菜入菜的定食很受歡迎。彙集了黃金地瓜、紅鳳菜、苦菜等超過60種當季食材烹煮而成的がらまんじゃく招牌定食，滋味豐富。該店還推出野草果汁。

☎098-968-8846 住金武町金武10507-4
⏰12～18時 休週二・三 交金武IC車程6分
P有特約停車場 MAP P152C4

飯後必吃

傳統點心橘餅和醃漬冬瓜400日圓

雅致的紅瓦民宅非常有味道

招牌定食2500日圓

島產紅蘿蔔	紅鳳菜	紅芋	青木瓜

11～2月左右為產季。富含胡蘿蔔素，自古以來便被視為重要的滋補食物	採收期為11～5月。有豐富的鐵質，紫紅色的菜葉富含多酚，具有抗氧化的作用	食用季節為10月中旬～1月。內含澱粉和葡萄糖、維他命，甜味高雅	5～8月盛產。成熟前的木瓜是做為蔬菜食用，什錦炒木瓜十分美味

飯後必吃

香檬口味的黑糖糕200日圓

北部
えみのみせ
笑味の店

大量使用長壽之里的食材

將廣為人知的「長壽之里」大宜味村自古以來所使用的許多藥草，透過營養師金城笑子的烹調，本著「彙整出年長者日常飲食」理念的長壽膳正是健康的來源。

☎0980-44-3220 住大宜味村大兼久61
⏰9～18時（用餐為11時30分～17時）休週一・二 交許田IC車程45分 P10輛
MAP P155F1

善用食材原味的長壽膳1575日圓，最晚須於前日訂位　散發溫暖氛圍的樸實外觀

📖 島產蔬菜、島豬、島魚、島鹽等，沖繩食材以加上「島」字為一大特徵。

來到這裡必吃的在地料理，沖繩居酒屋的15道晚餐料理

如果想品嘗多種沖繩料理，推薦備有多種菜色的居酒屋。
除了經典菜餚外，也來挑戰看看堪稱絕品的創意料理吧。

可以在此品嘗
ＡＢＣ

最受歡迎的
沖繩料理

什錦炒苦瓜 648日圓
將切成環狀的苦瓜與島豆腐、雞蛋
拌炒而成的料理

可以在此品嘗
ＡＢ

王朝時代時
為宮廷料理

沖繩東坡肉 864日圓
加入泡盛酒燉煮的沖繩風滷肉，軟
嫩到用筷子即可切開

可以在此品嘗
ＡＢＣ

享用沖繩縣產
的新鮮海味

酥炸烏尾鮗 700日圓
將烏尾鮗以油炸料理，仙貝般的酥脆
口感，連骨頭也能吃下肚，香氣撲鼻

可以在此品嘗
ＡＢＣ

QQ的口感
讓人上癮

花生豆腐 540日圓
將花生磨碎後凝固成豆腐狀，淋上
甜醬食用

可以在此品嘗
ＡＢＣ

富含膠原蛋白
的美容聖品

豬腳 864日圓
稱為テビチ（Tebichi）的豬腳料理，
以長時間燉煮，口感軟嫩

可以在此品嘗
ＡＢＣＤ

很下酒的
居酒屋菜色

島產路蕎天麩羅 570日圓
將辣味類似青蔥的島產路蕎炸成酥
脆的天麩羅

可以在此品嘗
ＡＢＣ

絲瓜也是
很棒的食材

味噌煮絲瓜 650日圓
絲瓜的口感讓人聯想起茄子，相當
下飯的一道料理

可以在此品嘗
ＡＢＣ

泡盛酒的
最佳良伴

豆腐乳 500日圓
將島豆腐以米麴和紅麴、泡盛酒醃
製，有著像起司一般的風味

可以在此品嘗
ＡＢＣ

排列整齊的
小魚十分吸睛

臭肚魚豆腐 324日圓
臭肚魚（醃漬小臭肚魚）的鹹度和
島豆腐是絕配口味

有泡盛品酒師
駐店的餐廳
新手也能放心喝

カラカラとちぶぐゎー網羅了沖繩縣內所有釀酒廠的名酒及超過20年的珍稀陳年酒。若想尋找適合自己的泡盛酒，不妨向持有泡盛品酒師證照的老闆討教。
☎098-861-1194 MAP P144B2

可以在此品嘗

A 泡盛と琉球料理 うりずん
くーすとりゅうきゅうりょうり うりずん

創業近40年的名店，除了蒐羅沖繩所有酒廠的泡盛名酒外，也可在此享用多種沖繩料理。
☎098-885-2178
住那覇市安里388-5 ⏰17時30分～24時 休無休 交安里站步行即到 P無
MAP P145F2

B 郷土料理あわもり ゆうなんぎい
きょうどりょうりあわもり ゆうなんぎい

沖繩料理應有盡有的老店。
☎098-867-3765 住那覇市久茂地3-3-3 ⏰12～15時LO、17時30分～22時30分LO 休週日、假日 交縣廳前站步行4分 P無
MAP P144B3

C 海産物料理と 泡盛の店 なかむら家
かいさんぶつりょうりとあわもりのみせ なかむらや

原本為鮮魚店，可品嘗沖繩的新鮮海產，也有許多經典的沖繩料理。
☎098-861-8751
住那覇市久茂地3-15-2 ⏰17時～23時LO 休週日、假日 交縣廳前站步行5分 P無 MAP P144B2

D BISTRO 飯場まる
びすとろ はんばまる

隱身在住宅區內的隱密店面。將沖繩素材以西式手法調理的菜單中，也有活用當季食材的美食。☎098-878-7040 住浦添市伊祖1-5-10 ⏰17時～23時30分LO 休不定休 交西原IC車程10分 P25輛
MAP P148B3

可以在此品嘗 C
鮮魚熬煮的高湯是重點

魚湯 700日圓 📷 C
將魚肉切成大塊燉煮而成的味噌湯。魚肉的鮮甜融入湯汁，十分美味

可以在此品嘗 C
口感鬆軟的魚肉超好吃！

燉魚料理 800日圓～ 📷 C
將石斑魚等的近海魚，以醬油基底的醬汁烹調的料理

可以在此品嘗 A
うりずん研發的創意料理

炸芋泥肉餅 648日圓 📷 A
將使用田芋的傳統料理沖繩風芋泥，改造為可樂餅的形式

可以在此品嘗 A B
令人意外的高雅風味

下水湯 540日圓 📷 A
將仔細清洗後的豬內臟，搭配鰹魚熬煮而成的湯品

可以在此品嘗 D
外層酥脆、配料濃郁～

炒素麵 482日圓 📷 D
將燙熟的素麵加入蔥和鮪魚拌炒，再以鹽巴簡單做調味

可以在此品嘗 D
牙齒不會變黑可安心享用

自製墨魚炒麵 756日圓 📷 D
加入墨魚汁的麵條是一大重點，是能促進食慾的大蒜風味

有許多餐廳營業到深夜，這也是沖繩居酒屋的一大特色。由於深夜沒有電車，不少人會仰賴代理駕駛的服務。

進一步感受琉球民謠的魅力
事先須做的小功課

沖繩有許多可在居酒屋欣賞琉球民謠的餐廳。
和著活潑的音調，唱出沖繩人心境的沖繩民謠。
學習沖繩民謠的特徵等小知識，便能更加投入於民謠表演。

沖繩音樂的代名詞，琉球民謠

與沖繩人的日常生活緊密相連，
至今仍能在宴會和祭典等接觸到琉球民謠。

琉球民謠是？

沖繩民謠是近年來也被稱為島唄的琉球民謠，最近也常被用在電視、廣播、店內背景音樂等，即使不在沖繩也常能聽到琉球民謠。那種獨特而朗朗上口的旋律，是將西洋音階去掉「Re」和「La」的琉球音階，可說是琉球民謠最大的特徵。此外，相對於日本本土各地的民謠，也就是所謂的古典民謠，琉球民謠不只是古典，每年都有新的曲子誕生這點也是特色之一，因此又被稱為「活著的民謠」。

琉球民謠的起源，據說是自古傳承下來的地方歌曲及日本古謠，而演化成使用三線琴的形式，則推論是從15世紀左右開始。三線琴改良自中國傳入的三弦樂器，經過赤犬子的推廣，才有了三線音樂的傳承。當三線琴在平民間普及後，在宴會和集會等場合彈奏三線琴、玩賞琉球民謠也逐漸遍及生活。時至今日，沖繩人仍承襲著當時的風氣，使琉球民謠徹底融入沖繩人民的日常光景中。

演奏民謠的樂器和小道具看這邊

唄者

即琉球民謠的歌手，男女不拘，年齡層也相當廣泛，甚至有發行CD的唄者

三線

琉球王朝時代時由中國傳入，沖繩的代表樂器。主要負責旋律部分

締太鼓

與平太鼓一起用於伴奏。照片為固定式太鼓，是聽起來不刺耳的重低音

三板

夾在左手手指之間演奏。有以左手夾著打擊的演奏方式和用右手手指以輪指方式彈奏的方法

扁鼓

以鋲留製法製成的單面太鼓。直徑約20公分，以左手握著鼓緣，右手以鼓棒打擊

四竹

用於古典的琉球舞蹈，以敲擊響板的方式來演奏。也可做為小道具使用

協助製作…ライブハウス島唄

琉球手舞的舞蹈教學

隨著三線琴的輕快節奏，觀眾和表演者一同跳起沖繩的傳統手舞。
琉球手舞是民謠表演尾聲不可或缺的餘興之一，務必學好基本舞步喔。

HA～IYA
IYASASA～

1

將雙手高舉過頭

首先伸長雙臂，將兩手高舉過頭。手掌微微朝右，雙手宛如在推門般向右推動，由手腕向上伸展的感覺。

2

重點在手腕的轉動

往右推動後將手指往內收，手背朝上。維持這個姿勢，彷彿在捏起東西般，將手往上微微舉起，手腕順勢轉向左邊。

3

以同1的要領擺動

轉動手腕之後，手掌應為朝左。如同動作1開門一般，這次改成關門的感覺，將雙手往左推動。此時手指閉合看起來會更專業。

4

動作加大！

與動作2相同要領，這次將推向左的手腕收回右邊，回到動作1。順著節奏踏步，重複一連串的動作，也別忘了微笑！

可輕鬆欣賞沖繩音樂的民謠居酒屋

想體驗沖繩音樂的魅力，聽現場表演是最棒的方式。
一面享用沖繩料理和泡盛酒，沉浸於表演者的舞台魅力中。

らいぶあんどおきなわりょうり らいぶはうすしまうた ちなさだお·ねーねーずのみせ

ライブ&沖縄料理 ライブハウス島唄～知名定男·ネーネーズの店～

千萬不可錯過日本相當知名的NENES帶來的現場表演。從流行樂到抒情歌，再加上清爽的合音，令觀眾流連忘返。

☎098-863-6040 住那覇市牧志1-2-31おきなわ屋本社ビル3F ¥表演收費2000日圓 ⏲18～23時(現場表演時間需洽詢) 休不定休 交縣廳前站步行10分 P50輛(付費) MAP P144C3

みんよういざかや じざけよこちょう

民謡居酒屋 地酒横丁

由硬底子的民謠團體演奏融合多種風格的歌曲。各桌備有歌詞卡，即使是新來的也能盡情享受民謠樂趣。每回表演尾聲皆會以最熱鬧的曲子炒熱氣氛，也接受點歌。

☎098-860-9511 住那覇市松尾2-8-13 2F ¥表演收費1000日圓 ⏲17～23時(現場表演為18時30分～、20時～、21時30分～) 休無休 交牧志站步行8分 P無 MAP P145D2

Ryukyu Culture

らいぶあんどいしょくや かなぐすく

ライブ&居食屋 かなぐすく

由沖繩出身的年輕女歌手演唱沖繩民謠到自創曲等多種樂曲。以沖繩方言進行的輕鬆脫口秀等，讓人氣扶搖直上。

☎098-862-8876 住那覇市松尾1-3-1エスプリコートビル2F ¥表演收費1000日圓 ⏲17時30分～24時(現場表演為19時30分～、20時30分～、22時～) 休週二 交縣廳前站步行5分 P無 MAP P144B3

滿嘴甜蜜滋味。
熱帶風情的沖繩甜點令人著迷

氣候炎熱的沖繩，冰涼甜品是宛如甘霖般的救星。
大口享用熱帶水果，品味南國風情。

閃閃發光的
南國鮮果☆

:: 美味關鍵
芒果

ICE MOUNTAIN
（刨冰）
熱帶水果
1000日圓
在份量如山一般的刨冰上
鋪滿芒果等當季水果的豪
華冰品

:: 美味關鍵
火龍果

那霸
せんにち
千日

創業至今50多年，堪稱沖繩紅豆冰
創始者的老店。在當地也是備受歡
迎的日常點心，甚至有橫跨老中青
三代的忠實顧客。

☎098-868-5387 住那霸市久米1-7-14
⊙11時30分～20時（10～6月為～19時）
休週一（逢假日則翌日）交旭橋站步行12
分 P2輛 MAP P142C2

非常有復古風情
的店內

中部
りゅうぴん
琉冰 Ryu-pin

可以品嘗熱帶水果鮮榨的果汁及冰
沙，也十分推薦加入寒天的凍飲スッ
プル350日圓～。

☎090-5932-4166 恩納村仲泊1656-9
（恩納休息站內）⊙10～19時 休無休 交
石川IC車程10分 P150輛 MAP P151F4

備有許多長椅和桌子
可以休息

:: 美味關鍵
金時紅豆

令人不禁陶醉
的元祖口味

自然美肌的
保健聖品

✦ **熱帶芒果**
550日圓
使用香味濃郁的沖繩產芒
果，以優酪乳為基底，口
味清爽

:: 美味關鍵
芒果

那霸
ぴた すむーじーず
Vita Smoothies

使用新鮮水果打成的冰沙，隨時
備有20種口味，芒果、苦瓜等富
含維他命，健康滿分。

☎098-863-3929 住那霸市牧志2-17-
17 ⊙11～21時（12～3月為～20時）
休週二 交美榮橋站步行2分 P無
MAP P144C1

✦ **紅豆湯圓冰** ✦
300日圓
使用老機器刨出的綿綿
刨冰與鬆軟的金時紅豆
滋味絕妙

也不可錯過季節限定口味

使用在甜點上的南國水果

愛文芒果	鳳梨	火龍果	島產香蕉	芭樂	楊桃
產季●7～8月 特色是軟嫩的果肉和濃郁的甜味	產季●6～9月 沖繩代表性水果，酸甜風味絕佳	產季●7～9月 外觀令人印象深刻，口味清爽	產季●4～11月 與一般香蕉不同，酸氣較重	產季●8～11月 香氣強烈並有爽脆的獨特口感	產季●10～3月 切片呈星星型！口感類似梨子

水果的甜味滿口芬芳

美味關鍵
手工義式冰淇淋

★芒果和香檸★
雙球冰淇淋
500日圓
入口即化的芒果和爽口的香檸一拍即合

那霸
えいちあんどびー じぇらおきなわ まきしてん
H&B ジェラ沖繩 牧志店

水果與義式冰淇淋就在眼前融為一體，備有超過10種的口味，單球300日圓，雙球、三球各500日圓。

☎090-8708-9047 📍那霸市松尾2-10-1 那霸市第一牧志公設市場2樓 ⏰10～18時 ㊡第4週日 🚉牧志站步行10分 🅿無 MAPP145D3

店旁也備有長椅

北部
ぶりりあんて もとぶ ひるず
BRILLIANTE MOTOBU HILLS

位於可瞭望海洋的山丘上，大方使用鳳梨和島產香蕉等當季水果製成的聖代和奶昔頗受好評。

☎0980-47-4457 📍本部町崎本部522-1 ⏰11時30分～18時左右 ㊡週四・五（7～9月為不定休，12月有臨時休） 🚉許田IC車程40分 🅿8輛 MAPP154A3

特製聖代帶來好心情！

在可以遠眺海景的露臺座舒緩身心

美味關鍵
當季水果

★沖繩水果的★
鮮果聖代
1300日圓
有火龍果等色彩繽紛的當季水果，在玻璃杯中交織出美妙滋味

★香草&紅芋★
310日圓
美麗的淡紫色，紅芋特有的濃醇風味十分誘人

美味關鍵
沖繩產紅芋

這才是正統沖繩口味

盛得滿滿的冰淇淋相當吸晴

中部
ぶるーしーる まきみなとほんてん
BLUE SEAL 牧港本店

冰淇淋備有超過30種口味，也提供甘蔗等沖繩風味的選擇。美式聖代、冰淇淋相當受歡迎。

☎098-877-8258 📍浦添市牧港5-5-6 ⏰9時～翌1時 ㊡無休 🚉西原IC車程10分 🅿50輛 MAPP148B3

BLUE SEAL MOUNTAIN
1380日圓
可一次享受7種冰淇淋口味，份量滿點的聖代

美式復古風的店內裝潢也是重點

沖繩出品，大受好評的沖繩美食品牌圖鑑

在此介紹沖繩製造、與沖繩密不可分的4大品牌。
每項都是耳熟能詳的知名品牌，旅行中不妨來品嘗看看。

「沖繩製造」的品牌

沖繩宴席中不可或缺的良伴

おりおんびーる
Orion Beer

創業1957年
名稱的由來
在南方夜空中閃耀的獵戶座符合沖繩的印象。
❶

沖繩最受歡迎的啤酒。秉持著一縣一工廠的原則，在最適合釀造啤酒的環境中做出的啤酒，新鮮度不在話下！圓潤的口感和清爽的口味，最適合在沖繩的氣候下品嘗。

❶ORION生啤酒
超市及便利商店皆有販售
❷生啤酒
沖繩居酒屋的必點飲品

參觀這裡
おりおんはっぴーぱーく
ORION啤酒名護工廠

ORION啤酒名護工廠在2011年5月重新開幕，參觀完工廠後還可試喝啤酒。

☎0980-54-4103(參觀工廠預約電話) 住名護市東江2-2-1 ¥免費 ⏰10～19時(工廠參觀為9時20分～16時40分，需預約) 休無休 交許田IC車程15分 P20輛 MAP P153D1

推出苦瓜漢堡等貫徹沖繩風味

じぇふ おきなわ
Jef沖繩

❶

創業1986年
名稱的由來
聽來像是創業者的名字，其實是Japan Exellent Foods的簡稱。

源自沖繩，目前已拓展到4間店面的速食店。從1993年開始販售的苦瓜漢堡320日圓、以沖繩方言為菜色名的ぬーやる苦瓜豬肉漢堡374日圓，人氣屹立不搖。

❶苦瓜圈
酥脆的口感很棒。
4個入185日圓
❷苦瓜漢堡
以蛋裹住苦瓜的做為漢堡餡。
※預計調整價格

可在此享用
じぇふとみぐすくてん
Jef豐見城店

推出使用沖繩縣產蔬菜製成的漢堡等，有許多沖繩風味的菜色。午餐時段也提供米飯類的餐點。

☎098-856-1053 住豐見城市田頭66-1 ⏰24小時 休無休 交豐見城・名嘉地IC車程2分 P66輛 MAP P146A2

扎根於沖繩的品牌

品嘗風味獨特的正統麥根沙士

えいあんどだぶりゅおきなわ
A&W沖繩

創業1953年
名稱的由來
A為Allen，W為Wright，由兩位創辦人姓氏的第一個字母而來。
❶

1919年於美國創業，1963年開設沖繩的第一家分店屋宜原店，同時也是日本首家速食店。可說是A&W代名詞的麥根沙士如今也成為沖繩最具代表性的名產之一。

❶麥根沙士
使用14種以上的香草。210日圓
❷莫札瑞拉起司漢堡
特製的莫札瑞拉是美味的關鍵。

可在此享用
えいあんどだぶりゅまきみなとてん
A&W牧港店

有大份量的漢堡和辣味的薯條等美式菜色。也有方便的得來速服務。

☎098-876-6081 住浦添市牧港4-9-1 ⏰24小時 休無休 交西原IC車程8分 P100輛 MAP P148B3

有香濃口感的美式冰淇淋

ぶるーしーる
BLUE SEAL

創業1948年
名稱的由來
名字源自於藍絲帶獎的名稱「Blue Seal」。
❶

1948年，為提供乳製品給當時駐紮於沖繩美軍基地的美軍相關人士，而設立了FOR MOST公司的工廠。1963年將據點移至牧港，1976年將公司名改為「FORMOST BLUE SEAL」。

❶香草＆紅芋
可享受濃醇的口味。310日圓
❷BLUE SEAL MOUNTAIN
盛到滿出來的7種口味冰淇淋。

可在此享用
ぶるーしーるまきみなとほんてん
BLUE SEAL牧港本店

提供甘蔗等沖繩風味的冰淇淋，除了季節限定口味外，隨時備有超過25種口味可選擇。單球310日圓。

☎098-877-8258 住浦添市牧港5-5-6 ⏰9時～翌1時 休無休 交西原IC車程10分 P50輛 MAP P148B3

用心挑選南國風情的伴手禮
送給重要的親朋好友

以紅型染點綴的可愛錢包、
繪有獨特花紋的琉球玻璃及陶器，
沖繩有著許多色彩繽紛的伴手禮。
就來買點紀念品，送給朋友、家人以及自己吧。

紅型染、島草鞋、陶器⋯
將沖繩逸品做為伴手禮

設計別緻的手工雜貨、飾品的人氣竄升中。
不妨也買點伴手禮送給自己吧？

漂亮的御守

海鹽吊飾S
1944日圓～
使用藍染和福木染、紅
型染等製法製作出獨特
的樣式。裡面放有護身
的鹽 A

耳邊以美麗皮革
點綴整體造型

耳環 1944日圓
蛇紋（左）、胭脂蟲染＆紅型染（右）。
每樣都是僅此一件的飾品！ A

想用來
收納心儀的小東西

有南國水果等
3種花樣

蕎麥豬口杯
圓環（右）稜鏡（左）
各1800日圓
不但可以用來盛飲料及小點
心，也很適合做為小物收納 B

可愛的
陶器

方盤 水滴（上）四輪（下）
小1800日圓、大3000日圓
壺屋燒的獨特色彩與可愛氛圍非常協
調，使用起來也相當順手 B

包包
(S) 各3240日圓
勾起少女心的設計，也備受當
地女性的支持 C

首里
らくしょう
RAKUSYOU./楽尚 A

將牛皮＆蛇皮以草木染及藍染方式
製作的原創皮革製品。也有使用照
片及插畫製成的吊飾。

☎098-886-8122
住那霸市首里山川
町3-5 ⏰10～19時
休週一、第3週日 ⏰
安里站車程6分 P2
輛 MAP P143E2

讀谷村
いっすいがま
一翠窯 B

保留傳統色彩，再加上獨特設計的
餐飲，每項都是便於日常使用的款
式。

☎098-958-0739
住讀谷村長浜18
⏰9～18時 休無休
⏰石川IC車程40分
P5輛
MAP P150A2

那霸市
あとりえあんどしょっぷ みむり
アトリエ&ショップ
MIMURI C

販賣以當地蔬菜、花卉等沖繩形象
為設計概念的活潑設計雜貨。

☎050-1122-4516
住那霸市松尾2-7-8
⏰11～19時 休週
四 ⏰縣廳站前步行
12分 P無
MAP 144C3

將逗趣的
西沙獅
當做伴手禮

島次郎工房的石灰西沙獅。生動又獨到的神情十分可愛。照片為成對的石灰西沙獅19440日圓，也有販賣單隻的西沙獅540日圓～。
☎098-958-4610 **MAP** P150A2

以玻璃來呈現
日常生活的可愛時光

薄荷巧克力pop（左）
紅豆（右）**各3600日圓**
透明的器皿中央以插畫點綴，帶給人自然又清涼的感覺 **D**

指錬 墜飾、
吊飾 **各2260日圓～**
以昔日的結婚戒指裝飾為概念打造，每個形狀都含有不同的心意 **E**

戴上就可以
得到幸福？！

沖繩伴手禮 ● 將沖繩逸品做為伴手禮

午餐時間也能
變得更加愉快

便當大小的迷你提袋（左）**1800日圓**
石敢當寶特瓶提袋（右）**2500日圓**
將西沙獅和石敢當等沖繩單品以繽紛的紅型染設計呈現 **F** ※顏色和花樣有時會和照片有所不同

瀰漫著
幸福的氛圍

Happy系列的海鹽袋 **600日圓**
內有心形的海鹽，據說常用於結婚贈禮 **F**

那霸市
ろぼっつ
ROBOTZ **D**

展示著國吉YUMIKO小姐的玻璃工藝、丈夫國吉聰的木製雜貨等，是一家能點亮居家生活的熱門藝廊商店。☎098-863-6353 住那霸市辻1-5-25 ⏰13～19時 休週日～四 交旭橋站步行10分 P無 **MAP** P142B2

首里
ち.かふー めたるわーく
ci.cafu metal work **E**

喜舍場智子的工作室＆商店。將傳統的金飾品以現代風加以變化。☎098-886-8093 住那霸市首里儀保町3-9 1-A ⏰11～19時 休週一～五(逢假日則營業) 交儀保站步行3分 P2輛 **MAP** P157B1

南城市
ながやまびんがたてぃだむーん
長山びんがたTIDAMOON **F**

將可用於日常生活的物品，以手工紅型染加以設計的手工雜貨店，店內還設有咖啡廳。☎098-947-6158 住南城市佐敷手登根37 ⏰11～18時 (週日為11～15時) 休週三 交南風原北IC車程20分 P8輛 **MAP** P147D2

 沖繩將鹽稱為ma-su（マース），認為鹽具有驅邪的作用，因此有不少沖繩人會在自用車內放上一袋保平安。

手工打造的溫暖手感。
將師傅的手工藝品做為伴手禮

將師傅傾心打造的逸品，做為犒賞自己的伴手禮吧！
雖然價格偏高，每樣都是能愛用一輩子的珍品。

商品皆是在店內的工作室
中手工製作而成

紅型工房&ギャラリー
べにきち

紅型遮陽傘（更紗花樣）
62000日圓（參考價格）
以紅型染呈現出更紗花紋
的高雅設計，傘柄使用櫻
花木及紫藤木製作

在布上疊上型紙，再以刮板
將膠塗勻開來。

紅型中夾
29800日圓
讀谷山花織
短夾
22800日圓（照片後方）
以紅型染手工染出櫻花
圖樣，花織的編織紋路
也非常可愛

HANAHANA工房

工房可自由參觀。
可觀察師傅的技術！

還開設了橫井老闆親自指
導的陶藝教室（須預約）

宙吹ガラス工房 虹

土紋玻璃杯
4725日圓
在製作過程中自
然產生的細微龜
裂花紋十分美麗

手沖咖啡壺
6500日圓
很受歡迎的「夢之中」
系列作品。咖啡杯為
3800日圓～

Atelier+Shop
COCOCO

可以在國際通上
體驗傳統工藝，
要不要來試試看呢？

提供紅型染、壺屋燒及琉球玻璃等5種工藝體驗的那霸市傳統工藝館。體驗為1500～3000日圓。可欣賞人間國寶作品的常設展覽（入場300日圓）也絕不可錯過。
☎098-868-7866 MAP P145D2

○
色彩鮮豔的手染
感受最原始的風味

本部町
びんがたこうぼうあんどぎゃらりー べにきち
紅型工房&ギャラリー べにきち

紅型染藝術家吉田誠子的工作室兼商店。講究「成果美」的作品，一方面重視古典花紋，一方面則融入南國風情的花卉及動物等感受得到沖繩風氣的設計，深具魅力。

紅型扇子
（九重葛）
12000日圓～

☎0980-47-4451 住本部町瀨底94
● 11～17時 休週日～三 交許田IC
車程45分 P3輛 MAP P154A3

❶位於瀨底島的聚落內 ❷除了店內的販售品，也接受客製化訂做

○
由嶄新的構思孕育出的獨特美學

讀谷村
ちゅうぶきがらすこうぼう にじ
宙吹ガラス工房 虹

琉球玻璃的開山始祖──稻嶺盛吉所開設的工作室。將過去被視為缺陷的氣泡納入設計風格，孕育出備受好評的泡玻璃。將紅土融入泡玻璃所製作出的土紋系列，則是以近似陶器的風格而深獲矚目。

茶泡酒壺
4725日圓

☎098-958-6448 住讀谷村座喜味
2748 ● 9～18時 休無休（工廠為週六的下午、週日）交石川IC車程30分
P可利用陶器之鄉停車場 MAP P71

❶附設藝廊 ❷陳列著壺和大盤等由稻嶺先生創作的作品

○
散發出手工縫製溫度的皮革製品

讀谷村
はなはなこうぼう
HANAHANA工房

由淺井俊明一針一線以手工精心縫製的皮革製品，是有著柔滑曲線而讓人留下深刻印象的優美設計。其中又以嵌有獨創的紅型染、讀谷村傳統的花織設計錢包最受女性歡迎。

海鹽鑰匙圈
2800日圓

☎098-958-4230 住讀谷村宇座
361-2 ● 11～19時 休週二 交石川
IC車程30分 P1輛 MAP P150A2

❶每件都是細心打造的作品 ❷也接受顧客自備布料、織品進行客製

○
齊聚於玉城的手工藝術品

南城市
あとりえ＋しょっぷ こここ
Atelier＋Shop COCOCO

陶藝家的工作室兼商店。除了擺在門邊和地上的別緻器皿之外，也有與紅型創作家合作推出獨創技巧製作的紅型陶器和手工雜貨。2014年起將庭院開放為咖啡廳。

手工藝品、器皿和雜貨等
1000日圓

☎090-8298-4901 住南城市玉城當山124 ● 11～17時左右 休週二·三 交南風原南IC車程15分 P4輛
MAP P146C3

❶充滿特色的店面十分吸睛 ❷除了販售作品之外，週四～六還有咖啡廳

📖 以琉球絲芭蕉編織而成的芭蕉布，風格樸實。大宜味村是主要產地。由於數量相當稀少而備受矚目。

金楚糕、泡盛酒、紅芋點心…
選擇豐富的招牌伴手禮

擁有多種品牌的泡盛酒、持續進化而深受矚目的金楚糕及紅芋點心。
豐富多元的選擇，可依照贈禮對象挑選禮物，帶來無窮樂趣。

金楚糕

在琉球王朝時期，為款待中國以及其他外國使者而製作的傳統點心。原料為麵粉、砂糖、豬油，近年來也有加入巧克力和紅芋等多種口味。

864日圓

迷你巧克力金楚糕圓罐（17個入）

將金楚糕奢侈地以大量巧克力包裹。有黑巧克力和牛奶巧克力2種口味

864日圓

35CHINSUKO（35個入）

在麵糰中加入以風化珊瑚烘焙而成的咖啡粉，微苦的成熟風味

315日圓

北谷鹽味金楚糕（15個入）

摻入北谷町外海海水所提煉出的海鹽，口感極佳，適中的甜度更是一絕

泡盛酒

據說是500多年前由泰國傳入，日本最古老的蒸餾酒。主要原料為泰國米和黑麴菌，目前有47家釀酒廠釀造。獨特香氣與口味各有不同擁護者。

1657日圓

咲元 25度 720mℓ

產地是盛行釀造泡盛酒的首里。清爽好入喉的口感是最大特色

4104日圓

古都首里 40度 720mℓ

花上10年熟成的圓潤風味，實在的口感迷倒不少泡盛迷

879日圓

美しき古里 30度 720mℓ

後味清爽，十分易於入口。有許多種類，可多多飲用比較

紅芋點心

使用紅芋製作的點心，艷麗的紫色十分吸睛。以引爆人氣的紅芋塔為首，沖繩推出了各式紅芋點心而備受矚目

648日圓

元祖紅芋塔（6個入）

人氣居高不下的甜品。堅持使用沖繩縣紅芋製作的餡料，不添加任何防腐劑、色素

1296日圓

紅芋圓餡餅（12個入）

麵皮紮實，採西式風味的甜點。在紅芋餡料中加入磨碎的栗子，更增添滋味

494日圓

乳菓紅芋（5個入）

以揉入煉乳的麵糰包裹住紅芋餡，層次豐富的香味令人著迷

還有這種
常見的
傳統點心

沖繩的喜慶場合中不可或缺的首里名點"の字饅頭"。以朱紅色畫上の字的日式饅頭中有著滿滿的內餡。在商店きぼまんじゅう販售，1個150日圓。
☎098-884-1764 MAP P157C2

沖繩伴手禮 ● 選擇豐富的招牌伴手禮

315日圓

圓形黑糖金楚糕
（15個入）

可以大口吃下的一口大小。黑糖柔和的甜味在口中擴散開來

864日圓

KUGANI金楚糕
（16片入）

以純手工烘烤，味道簡樸而高雅。非常適合搭配咖啡和茶享用

648日圓

新垣金楚糕
小龜六角箱（24個入）

一箱裡有原味、黑糖、紅芋、海鹽、芝麻鹽、巧克力6種口味的超值組合

國際通
わしたしょっぷ こくさいどおりほんてん

わしたショップ
國際通本店

販賣沖繩縣產品的特產直銷商店，網羅點心、泡盛酒、傳統工藝品及美妝品等各式商品，適合來此挑選伴手禮。
☎098-864-0555 住那覇市久茂地3-2-22 ◐10～22時 休無休 交縣廳前站步行3分 P無 MAP P144B3

1944日圓

請福VINTAGE 30度 720mℓ

以溫和的甜味為特徵，產自石垣島釀酒廠的泡盛酒。復古的酒標相當吸引人

1620日圓

首里城正殿 30度 720mℓ

口感溫潤，卻有著濃厚的風味。酒標上的紅型染花紋非常顯眼

1512日圓

青櫻 25度 720mℓ

美麗的藍色瓶身十分亮眼。不過於強烈的味道，即使是初次嘗試泡盛的人也可輕鬆飲用

國際通
くーすや ほんてん

古酒家 本店

以古酒為中心，網羅沖繩內共47家酒廠推出的泡盛酒。持有泡盛酒酒師證照的工作人員會貼心提供建議，可安心選購，還可在地下酒窖試喝。
☎098-863-9317 住那覇市牧志1-3-62 ◐9時～22時30分 休無休 交牧志站步行8分 P無 MAP P145D2

658日圓

華紫（8個入）

梅花形狀的輕羹。加入山藥的外皮，口感Q彈

822日圓

美麗貝（6個入）

飄著淡淡楓糖香的柔軟餅乾中，夾著紅芋餡和黑糖

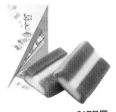

617日圓

紅包（6個入）

使用番薯和紅芋製作的甜點。口感濕潤，可享受薯類原本的風味

國際通
おかしごてん こくさいどおりまつおてん

御菓子御殿
國際通松尾店

販賣熱門商品紅芋塔等各式各樣的紅芋點心。店內還可參觀製作紅芋塔的生產線。
☎098-862-0334 住那覇市松尾1-2-5 ◐9～22時 休無休 交縣廳站步行3分 P無 MAP P144B3

 含有50%熟成超過3年的泡盛，即稱為古酒。經過長期熟成，更能品味其深厚的風味與濃醇的香氣。

沖繩人的當地超市
是尋找沖繩伴手禮的寶庫

掌管沖繩人餐桌菜餚的在地超市，陳列著許多沖繩點心和食材，
保證可以在此找到令人滿意的伴手禮。

方便分享的便利小點心

酥脆口感清爽無負擔

鹽味仙貝 145日圓
使用小麥粉製成的沖繩人氣點心。適中的鹹味和爽脆的口感非常特別

保有食材的原味

軟牛奶糖芒果（右）、宮古島海鹽（左）各600日圓
使用當地產的水果和天然海鹽製成，有著吃得到果肉的風味和入口即化的口感

包裝也很可愛♡

八島黑糖 8袋裝 700日圓
沖繩八座島嶼出產的黑糖組合包，畫上各島特色的外包裝也十分可愛

最適合當下酒小點心

沖繩鹽味米果苦瓜起司（左）、黑糖（右）各458日圓
將黑糖製成甜辣口味，苦瓜起司口味含有苦瓜脆片

🍜 在自家享用沖繩風味

沖繩料理中不可或缺

豬肉餐肉（200g） 198日圓
將豬肉加工製成的罐頭。在沖繩會做為炒菜或是飯糰的配料。直接切片煎烤也很美味

簡單的豬肉料理

中味汁 275日圓
原本需要長時間燉煮的豬肉料理，只需加熱便可食用。湯汁口味清爽順口

只要淋在飯上即可享用

塔可飯 2袋裝 322日圓
塔可肉醬搭配香辣的辣醬，在家輕鬆回味沖繩發祥的平民美食

平民美食的泡麵版

沖繩麵 113日圓
沖繩麵的泡麵版本，鰹魚風味的高湯香氣濃郁，可依個人喜好加入泡盛辣椒享用

沖繩最具代表性的
當地超市就是這裡

SAN-A NAHA MAIN PLACE

可以在此選購

SAN-A（サンエー）是在沖繩內擁有超過60家分店的地方超市。大型購物商場NAHA MAIN PLACE的1樓店舖設有專賣沖繩產品的專區，便可選購伴手禮。
☎098-951-3300 MAP P143D1

還有其他的當地超市

🏠 タウンプラザかねひで西町店
☎098-863-4500 MAP P142B2
🏠 フレッシュプラザユニオン 宇地泊店
☎098-898-5400 MAP P148B3

🧂 輕鬆撒上 沖繩調味料

口味香辣
一吃就上癮

泡盛辣椒 227日圓
將島產辣椒放入泡盛酒中醃漬的液體辣醬。除了搭配沖繩麵以外，也可嘗試加入拉麵等食用

可享受
正統的風味

**輕輕鬆鬆
什錦炒苦瓜
5袋裝122日圓**
只需在起鍋前加入拌炒，便成為一道正統的什錦炒苦瓜。也可運用在炒蔬菜等菜餚上

八重山的
香辛料

**假蓽拔
437日圓**
生長於石垣島等八重山群島上，也被稱為島胡椒。味道類似肉桂，辣度不強

海水提煉出的
天然海鹽

**青海 海鹽
170日圓**
將取自糸滿市外海的海水精煉製鹽，含豐富礦物質。微微的甜味也很棒

🍶 南國風味 沖繩飲品

說到沖繩的茶
非它莫屬

香片茶 84日圓
也就是茉莉花茶。清爽芳芳的口味很適合沖繩的天氣。也非常適合搭配沖繩料理享用

大口喝下
南國的鮮果

**芭樂20
（左）350㎖ 113日圓
零卡香檸
（右）350㎖ 103日圓**
熱帶水果的果汁在沖繩隨處可見。不妨在兜風或散步時帶上一瓶

由米製成的
飲料

**黑糖玄米（左）250㎖、
紅芋（右）245㎖
各86日圓**
使用梗米、玄米做為原料的發酵飲料，再加上黑糖及紅芋的甜味，有著濃稠的口感

在沖繩根深蒂固
的美式飲料

**A&W麥根沙士
355㎖ 1罐 56日圓**
將A&W的招牌飲料「麥根沙士」變成隨身罐，那獨特的風味當然不變，價格也非常合理！

 沖繩有許多營業至深夜的超市，タウンプラザかねひで大多營業到24時，フレッシュプラザユニオン則是24小時營業。

沖繩伴手禮

搭機前的最後採買！
沖繩的大門，那霸機場

那霸機場內有許多商店和餐飲店。
不妨來找找機場限定的伴手禮，盡情享受沖繩風情直到登機前一刻吧！

 買點限定的伴手禮吧

將紅芋加入鮮奶油、奶油、香草等，製成西式風味的烤製點心。冰過再吃更能吃出薯類的滋味。

紅芋蛋糕 6個入 1080日圓

📍ロイヤルベーカリーショップ那霸機場店
☎098-858-7183 🕐6時30分～20時30分 🈺無休

內有100%使用沖繩產紅芋的「紅芋塔」及以北谷鹽提味的「海鹽香草塔」2種口味。

沖繩甜塔組合 12個入 1260日圓

📍Coralway 那霸機場賣店
☎098-858-6095 🕐6時30分～20時30分 🈺無休

加入黃金芋和紅芋的雙層冰涼甜點。2種高雅的甜味交織出和諧的味覺饗宴，令人感動的好滋味。

紅芋生起司蛋糕 首里 5個入 907日圓

📍BLUE SKY出境大廳1號店
☎098-857-6872 🕐6時30分～20時30分 🈺無休

🥢 來一個沖繩特有的機場便當吧

將石垣島產的黑紫米和入白飯中，再加上什錦炒苦瓜、海蘊、石蓴魚板等配菜，滿滿的沖繩菜餚，廣受各個年齡層歡迎。

黑紫米便當 700日圓

📍Coralway スナックコート
☎098-858-6455 🕐6時30分～20時30分 🈺無休

將蛋包苦瓜、馬鈴薯沙拉，以胚芽吐司夾住。雞蛋中和了苦瓜的苦味，非常容易入口。

炸餐肉苦瓜雞蛋三明治 620日圓

📍Coralway スナックコート
☎098-858-6455 🕐6時30分～20時30分 🈺無休

可以一次吃到塔可肉醬、使用琉球島和牛的塔可飯以及什錦炒苦瓜的組合餐，可以一次品嘗到人氣沖繩美食的超值組合。

苦瓜塔可飯 698日圓

📍全家便利商店那霸機場航廈店
☎098-858-2262 🕐6～21時 🈺無休

樂桃和香草航空
位於LCC專用航廈。
小心別跑錯了

兩家LCC廉價航空公司使用的是LCC專用航廈。要前往專用航廈有2種方式，可由國內線航廈搭乘免費接駁巴士（約10分一班，需時5〜10分），或利用指定租車公司（P139）的接駁巴士。

旅途尾聲一定要以沖繩美食做結

使用沖繩產食材的自創蓋飯很受好評。將豬耳朵調理為牛肉蓋飯口味的豬耳朵蓋飯可品嚐到脆脆的口感。

豬耳朵蓋飯 880日圓（照片前）

🍴 どんぶりの店 志貴
☎098-859-0019 🕘9〜20時LO 🈂無休

可用合理的價格享用塔可飯、什錦炒苦瓜等經典沖繩料理。沖繩麵從10時〜、一般菜色從11時〜開始供應。

什錦炒苦瓜 600日圓

🍴 空港食堂
☎098-840-1140 🕘9時〜19時45分LO 🈂無休

每道餐點都是份量滿滿。最受歡迎的莫札瑞拉起司漢堡，有大量的新鮮蔬菜、使用莫札瑞拉起司製成的醬料。

莫札瑞拉起司漢堡（套餐） 910日圓

🍴 A&W機場店
☎098-857-1691 🕘6時30分〜20時 🈂無休

 各樓層的詢問處皆備有2種紀念章，並附有蓋章用紙。

那霸機場樓層導覽

4F 餐廳樓層
- ロイヤルコーヒーショップ

圖例：
- 🚻 廁所
- 📞 電話
- 🛗 電梯
- ❓ 諮詢處
- 🏦 銀行

大廳

- どんぶりの店 志貴

3F 報到櫃台

A&W機場店　IMAGÉ

觀望平臺　　　大廳　　　觀望平臺

機票櫃檯　JST RAC JTA JAL　ANA 亞洲天網　SKY 置物櫃

置物櫃　　　綜合諮詢處

步道（機場樓側）

觀光巴士專用下車處　計程車專用下車處　觀光巴士專用下車處

車道　計程車專用下車處

身心障礙者專用下車處　身心障礙者專用下車處

2F 出境大廳&購物區

ANA貴賓休息室　休息室

休息室

- Coralwayスナックコート
- Coralway 那霸機場店

巴士候車室　　JAL·JTA·RAC·JST　ANA·SNA·SKY　巴士候車室

出境　出境　迎賓廳　綜合諮詢處　出境

特定免稅店　置物櫃　　　　置物櫃　　特定免稅店

出境口　　　　　　　　　　　　　出境口

JAL·JTA貴賓休息室

T GALLERIA 商品提領櫃臺　　　　　　　　T GALLERIA 商品提領櫃臺

第2停車場·單軌電車聯絡口（約40m）　第1停車場·單軌電車聯絡口（約40m）

BLUE SKY 出境大廳1號店

- 全家便利商店 那霸機場航廈店
- ロイヤルベーカリーショップ 那霸機場店

1F 入境大廳

JAL·JTA·RAC·JST入境口　入境口Ⓐ

ANA·亞洲天網航空·SKY入境口（入境口Ⓑ）

行李提領處　綜合諮詢處　休息室

空港食堂

SKY 第2櫃檯

郵局

步道（機場樓側）

長程計程車　　　路線巴士　　包租巴士·接駁巴士（身心障礙者）專用搭乘處

車道　短程計程車　LCC航空免費接駁巴士乘車處

大型計程車

身心障礙者專用

步道

預約計程車　利木津巴士　租車接送車輛　預約計程車　預約計程車

車道

草地

步道（立體停車場側）　　　　　　步道（立體停車場側）

① 利木津巴士服務處　　③ 旅行社綜合服務櫃檯　　④ 租車服務處
② 觀光服務處

在T GALLERIA 沖繩
享受日本境內唯一的免稅購物樂趣

在日本境內旅行，只有沖繩才有的免稅購物樂。
國際名牌單品最多打7折，非常超值！

てぃーぎゃらりあ おきなわ
T GALLERIA・沖繩

超過130家國際一流名牌的單品，
皆可以免稅價格購買，其中更有日
本未販賣的商品及限定品項。來到
沖繩旅遊的優點之一，便是能盡情
享受免稅購物的樂趣。
☎0120-782-460 ㊟那霸市おもろま
ち4-1 ◷9～21時(週五‧六‧日、假日
為～22時)※視季節、店舖而異 ㊡無
休 ㊨歌町站步行即到 ㉟400輛
ⓂⒶⓅP143D1
URL:TGALLERIA.COM

2F

珠寶＆手錶專區
嚴選珠寶和錶類商品，擁有豐富的款式

美妝專區
美妝品牌林立，販賣最新商品或未在日本販售的商品

ⓘ 諮詢處　🚻 洗手間　🏪 租車乘放處
🛏 櫃檯　🚼 尿布台　Ⓖ GODIVA Boutique
🏢 電梯　🧳 行李寄放處
🔼 手扶梯　🚈 單軌電車

時裝專區
宛如豪華遊輪般的空間內，網羅了世界各國的精品名牌

當地禮品專區
集結沖繩工藝品和點心等，最適合挑選伴手禮

1F

🛍 購物 POINT

1 由那霸機場離開沖繩的旅客皆可購買
只需告知離境的出發日期和航班名稱，任誰都可以購買免稅商品。※沖繩縣內離島除外

2 出發當天的購物最晚需於搭機時間2小時前解決
必須在登機時間的2小時前完成購物

3 在那霸機場提領免稅商品
在國內線航廈有2處櫃檯可提領DFS商品

T GALLERIA 沖繩 內部導覽

美妝　時裝　手錶/珠寶　當地禮品

※2014年5月資訊

以度假的心情度過
尋找最適合自己的飯店

白色海灘、蔚藍海洋、耀眼的太陽。

以寬闊的心情在沖繩度過的島嶼時光

更是人生最奢華的一大享受。

馬上出發來趟悠哉愜意的沖繩假期吧。

想眺望海景悠閒度過
令人憧憬的南國飯店

無論是放鬆派或活動派，都可在此度過奢侈的放鬆時光。
不妨來找找看最適合這場沖繩假期的度假酒店吧。

令人嚮往的重點
在部瀨名度過
非比尋常的一天

這裡既不是夏威夷也不是峇里島，而是名為「部瀨名」的度假村！不僅提供住宿，度假村內還有工藝教室、圖書館等，可隨心所欲享受假期

名護市

ざ・ぶせなてらす

The Busena Terrace

夢幻寬廣的優美空間
奢華度過成熟風味的假期

綿延近760公尺的白色沙灘上，散布著飯店本館、小別墅等設施的遼闊樂園度假村。和島上豐沛大自然相互融合的客房隱私度高，可在此忘卻日常喧擾盡情享受。飯店還提供可享受極致放鬆的美體按摩，以及水上活動、大自然觀光等多元的動態行程。

☎0980-51-1333 住名護市喜瀨1808 交那霸機場車程75分(許田IC5分)＊有機場利木津巴士 套房提供接送服務 P350輛(免費) ●410間(標準樓層6種，俱樂部樓層3種，俱樂部別墅4種房型) ●1997年7月開幕 MAP P152C2

令人嚮往的重點
以海洋做為主角的
海景客房

寬敞的客房，採用窗外景觀的簡約設計

費用

豪華花園景觀房
1泊客房費用
※ 平日·假日前日　43956日圓～
IN 14時 OUT 11時

令人嚮往的重點
隱私度高的
別墅型特別空間

別墅型客房共有18間。還有附游泳池和花園的房型

5分內可到海灘的地理位置　有海景客房　有美體按摩設施　有游泳設施　有動態活動

在The Busena Terrace旁的
❖ 豪華度假村 ❖

名護市
ざ・てらすくらぶ あっと ぶせな

The Terrace Club At Busena

位於部瀨名岬上的頂級「俱樂部」提供極致的度假服務

從客房的陽台可將湛藍的海洋和南國的自然美景盡收眼底的絕佳位置、親切的接待、客房面積1間超過54㎡等，將僅提供給房客使用的隱密空間，設計為成熟風格的奢華度假村。可在相鄰的Wellness Thalasso體驗海洋療法。

☎0980-51-1113 住名護市喜瀨1750 交那霸機場車程75分(許田IC5分) *有機場利木津巴士 日提供接送服務(付費) P60輛(免費) ●共68間(俱樂部豪華房60間、俱樂部豪華雙床房8間) ●2011年4月開幕 MAP P152C2

········ 費用 ········
俱樂部豪華房 1泊附早餐
❖ 平日・假日前日
79596日圓～
🕐 IN 14時 OUT 11時

獨占整片海灘
位於沖繩本島北部，被東海的一片蔚藍給團團包圍的部瀨名岬，白色沙灘一望無際。
【主要的動態體驗活動】
快艇、浮潛、潛水、水上摩托車、寬板滑水等（皆需付費）

獨家
伴手禮

使用沖繩食材製成的沙拉醬和果醬等。
1瓶980日圓

除了原味外，還有扶桑口味的金楚糕。
1盒810日圓

❖ 令人嚮往的重點 ❖
優雅的海洋SPA

體驗使用加溫海水的水療浴池（**1**）及多樣化的療程（**2**）後，來到水療咖啡廳（**3**）享用養生美食好好放鬆

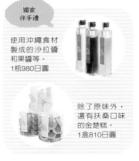

❖ 令人嚮往的重點 ❖
選擇多元的餐廳＆酒吧

全餐料理到自助式應有盡有，可隨心情做選擇的8種用餐處

❖ 令人嚮往的重點 ❖
專屬大人的放鬆行程就住這裡！

在恬靜大自然環抱的房間中度過優質的片刻，品味度假村時光的成熟韻味

令人嚮往的重點
洋溢著藝術感的奢華空間
隨處可見藝術品點綴其間，宛如美術館般的空間

令人嚮往的重點
仿造阿爾罕布拉宮打造的客房
豪華角間雙床房，陶瓦色顯得十分高雅

[讀谷村]

ほてるにっこうありびら
Hotel Nikko Alivila

不禁聯想起南歐的高級度假村散發穩重氣息的奢華飯店

發揮未遭破壞的大自然特點而建，紅瓦屋頂與雪白外牆，充滿西班牙殖民色彩的建築風格。洋溢南歐風情的館內，飄散著閑靜的氛圍。可在此體驗豐富多樣的水上活動、舒緩身心的按摩療程，也可以漫步於種植多達800種亞熱帶植物的花園，感受南國情調，悠閒度過迷人的時光。

☎098-982-9111 ⊞讀谷村儀間600 ✕那霸機場車程60分 ＊有機場利木津巴士 ⊟無接送服務 ₱250輛（免費） ●396間（雙床房392間，套房4間） ●1994年6月開幕 **MAP**P150A2

令人嚮往的重點
獨創的香氛精油
藉由頂級的按摩療程，激發出身體的內在美

❀ **早餐** ❀

使用大量沖繩食材的「ぬちぐすい定食」（限量）

手工製作的紅芋果醬頗受好評的西式自助餐

╭┄┄┄┄ **費用** ┄┄┄┄╮
高級雙床房 1泊附早餐
※ 平日・假日前日
23100日圓～
⏱ IN 14時 OUT 11時
╰┄┄┄┄┄┄┄┄┄┄┄╯

能一望海景的中庭，悠閒平靜的空間

獨占整片海灘

可與南國生物邂逅的NIRAI海灘，有著沖繩本島首屈一指的透明海洋，是一座飽有自然原貌的天然海灘。
【主要的動態體驗活動】
玻璃底遊艇、浮潛、衝浪、趴板衝浪、寬板滑水等（皆需收費）

えーえぬえーいんたーこんちねんたる
まんざびーちりぞーと

ANA INTERCONTINENTAL MANZA BEACH RESORT

日落景色更是一絕
沖繩最具代表性的度假飯店

可眺望萬座毛海景，西海岸數一數二的海景飯店。頂樓設有僅供房客使用的專用貴賓室，可在此辦理入住、退房，以及享用早餐、茶點、調酒時段和專門的管家服務等附加優惠，盡情享受VIP假期。館內也有多種餐廳設施可選擇。

☎098-966-2212 🏠恩納村瀬良垣2260 ✈那霸機場車程50分(屋嘉IC10分)＊有機場利木津巴士 🚌無接送服務 🅿500輛(1日500日圓) ●397間(雙床房392間、套房5間)●2009年4月改裝完成
🗺️P152A3

```
‥‥‥‥‥ ❖ 費用 ❖ ‥‥‥‥‥
高級雙床房 1泊附早餐
❖ 平　日　15000日圓～
❖ 假日前日　16000日圓～
🕐 IN 14時　OUT 11時
```

獨家伴手禮

有紅芋、芒果等4種口味的費南雪1620日圓（16個入）

獨占整片海灘

古代琉球居民也讚不絕口的萬座海灘就在飯店腹地內。白色沙灘十分耀眼，更提供豐富的水上活動。
【主要的動態體驗活動】
水上摩托車、浮潛、寬板滑水、拖曳傘、潛水等（皆需收費）

可享受使用法國保養品牌「CARITA」的美體按摩

飯店自製的麵包及加入沖繩食材烹調的早餐菜色非常受歡迎

令人嚮往的重點
品味獨具的客房
彷彿融入周遭的景色般，在海洋風的清爽客房中放鬆心情

宛如沉入萬座海洋中的落日景致十分動人

令人嚮往的重點
眺望萬座的壯麗海景
幾乎所有客房皆為海景客房，盡情享受開闊的南國美景！

令人嚮往的重點
優雅的私人按摩浴缸
殖民地風格的「蘭花客房」露臺上
設有按摩浴缸，非常愜意

可邊游泳邊享受湖畔酒吧的服務

名護市

卡努佳度假村
かぬちゃりぞーと

大自然環繞的遼闊設施
坐擁多種精緻房型

廣大腹地內坐落著8棟濃濃沖繩風情的紅瓦建築、3座游泳池以及餐廳等設施，為遊客準備了各種度假生活提案。客房共有19種房型可選擇，而在美體設施內，更提供卡努佳SPA、泰式古法按摩、夏威夷式海浪按摩等多種療程，就用自己的方式盡情品味南國假期吧。

☎0980-55-8880 🏠名護市安部156-2
✈那霸機場開車80分(宜野座IC20分)🚌那霸機場有接駁巴士 🅿300輛(免費) ●304間(雙床房284間、套房14間、別墅6間)
●1997年6月開幕 MAP P153E2

飯店最具代表性的餐廳

可以在和食餐廳「神著」品嘗以鐵板燒調理山原島豬、紅芋等沖繩著名的山原食材

吃得到超過50種菜色的休閒義大利料理「Paradis」的義式自助餐

```
⋯⋯⋯⋯⋯ 費用 ⋯⋯⋯⋯⋯
標準雙床房 1泊住宿費用
※ 平日・假日前日
   43200日圓～
🕐 IN 14時 OUT 11時
```

融入南國風格的獨創美體設施

獨占整片海灘

不太受北風影響的卡努佳海灘提供許多水上娛樂活動，與海濱游泳池相通，因此也很方便前往。
【主要的動態體驗活動】
潛水、水上摩托車、香蕉船、滑水圈、寬板滑水等
（皆需收費）

🏖5分內可到海灘的地理位置 🌊有海景客房 💆有美體按摩設施 🏊有游泳設施 🎿有動態活動

恩納村

かぶーりぞーと ふちゃく こんど・ほてる

富著卡福度假
酒店・公寓

提供豐富的生活用品
協助房客度過舒適的假期

客房空間寬敞，更以所有房客皆為海景房為傲，兼具飯店頂級的待客之道與房客的隱私。依各種旅行目的，推出20種房型豐富的客房可供選擇而深具魅力，更有超過200種的生活用品可供租賃，為住宿更添樂趣。

☎098-964-7000 ⓗ恩納村冨著志利福地原246-1 ⓧ那霸機場車程50分(石川IC10分)ⓟ無接送服務 ⓟ217輛(免費)●249間(飯店房型12種，公寓式房型8種)●2009年7月開幕 ⓂⒶⓅP151F3

╭┈┈┈┈┈┈ **費用** ┈┈┈┈┈┈╮
豪華四人房（飯店房型）
1泊附早餐
❊ 平日·假日前日 21000日圓～
🕐 IN 14時 OUT 11時
╰┈┈┈┈┈┈┈┈┈┈┈┈┈┈┈┈╯

令人嚮往的重點✦
別墅般的寬敞客房
所有客房皆可欣賞海景，寬敞舒適的格局帶來開放感

❶可眺望大海的游泳池內也附設按摩池
❷Deli是可輕鬆品嚐世界菜餚的多國料理咖啡廳，也提供外帶服務

恩納村

るねっさんす りぞーと おきなわ

Renaissance Okinawa
Resort

從住宿型態選擇
客房及度假村的動態活動

這間飯店最為推薦的便是所有客房皆看得到海景，提供種類豐富的水上娛樂活動，以及各有特色的10間餐廳＆酒吧、海洋療法沙龍，也準備了不少令女性房客欣喜的活動，尤其是能挑戰和海豚近距離接觸的Dolphin Program更是不能錯過。

☎098-965-0707 ⓗ恩納村山田3425-2 ⓧ那霸機場車程60分(石川IC5分)＊有機場利木津巴士 ⓟ無接送服務 ⓟ200輛(免費)●377間(雙床房316間，雙人房17間等)●1988年7月開幕 ⓂⒶⓅP151F4

╭┈┈┈┈┈┈ **費用** ┈┈┈┈┈┈╮
高級雙床房 1泊附早餐
❊ 平 日　16000日圓～
❊ 假日前日　18160日圓～
🕐 IN 14時 OUT 11時
╰┈┈┈┈┈┈┈┈┈┈┈┈┈┈┈┈╯

令人嚮往的重點
多元的Dolphin Program
可以和海豚一起游泳、一起玩耍。有許多可讓家族一起同樂的行程

❶私人海灘就在飯店正前方 ❷由2名美體師服務的奢侈海洋療法 ❸客房講究睡眠品質，床鋪、亞麻類寢具皆為特別選用

名護市

おきなわ まりおっと りぞーと あんど すぱ

Okinawa Marriott Resort & Spa

豐富的水療設施
感受島嶼風情的頂級SPA

附有室外浴池、香氛浴池等5種水療池和三溫暖的水療設施，以及多元的戲水區，徹底感受南國度假村風情。館內除了有全長170公尺、堪稱沖繩最大的花園泳池外，餐廳選擇也相當豐富，大手筆運用沖繩食材的菜色很受歡迎。

☎0980-51-1000 国名護市喜瀬1490-1 ✕那霸機場車程70分(許田IC8分)＊有機場利木津巴士 📇無接送服務 Ｐ298輛(1日500日圓) ●361間(雙床房252間，套房11間等) ●2005年4月開幕
MAP P152C3

◆ 令人嚮往的重點 ◆
舒適寬敞的
客房

所有房型的客房面積皆為44㎡以上，更設有擺設沙發的露臺空間

1 沖繩當地的高級豬肉「阿古豬」涮涮鍋 2 在美體沙龍內享受法國品牌DECLÉOR的美體療法 3 沖繩縣內規模首屈一指的花園泳池

費用

高級客房 1泊房間費用
※ 平日・假日前日
　40000日圓〜
🕐 IN 14時 OUT 11時

國頭村

じゃる ぷらいべーとりぞーと おくま

JAL Private Resort Okuma

在沖繩的大自然中
享受私密的假期

擁有4種風格的別墅、度假小屋坐落在廣大自然中的私人度假村。不僅有海灘上的水上活動，更提供前往能量景點──山原之森的生態之旅等多種親近大自然的山野行程，能盡情徜徉在沖繩的豐沛自然中。

☎0980-41-2222 国国頭村奧間913 ✕那霸機場車程100分(許田IC40分)📇無接送服務 Ｐ150輛(1日500日圓) ●184間(豪華別墅房型20間，花園度假小屋36間)等 ●1978年7月開幕 MAP P156B2

1 在濱海別墅享受頂級的香氛療程 2 大自然環繞的廣大腹地內坐落著一棟棟別墅 3 可在豪華別墅房度過悠閒優雅的放鬆時光

◆ 令人嚮往的重點 ◆
貼身感受海洋的「潮風のラウンジ」

豪華別墅房、豪華別墅樓中樓房64、125房客專用的開闊休息室

費用

豪華別墅房 1泊附早餐
※ 平日・假日前日
　29000日圓〜
🕐 IN 14時 OUT 11時

ここ がーでんりぞーと おきなわ

CoCo Garden Resort Okinawa

女性滿意度居高不下
"CoCo Style" 盛情款待

除了提供可從7種香氛精油做選擇的
"香氛舒緩療程"及"枕頭自由選"
外，還提供午茶服務等多種讓房客
感到賓至如歸的極致款待。還有許
多可接觸當地文化的課程，例如在
播放沖繩音樂的中庭做瑜珈、皮拉
提斯，以及體驗沖繩料理等。

☎098-965-1000 住うるま市石川伊波501
交那霸機場車程50分（石川IC5分）巴無接
送服務 P40輛（免費）●96間（雙床房71
間、雙人房17間、其他8間）●1989年7月
開幕 MAP P150C2

1附床幔的床鋪、嵌有
香蕉葉圖樣的家具等，
南國風情洋溢 2提供午
茶服務，可在喜歡的地
方享用琉球點心及現泡
茶品

┈┈┈┈ 費用 ┈┈┈┈
花園雙床房 1泊附早餐
※ 平　日　　12000日圓～
※ 假日前日　14160日圓～
🕐 IN 14時 OUT 11時

◆ 令人嚮往的重點
在泳池畔享受極致的
舒緩（夏季限定）
在泳池畔的SPA專用房內，一面感受
自然氣息，一面享受花園療法

沖繩住宿 ● 令人憧憬的南國飯店

1天氣晴朗時可眺
望遠方的離島，寬
廣的花園泳池 2沉
穩的棕色帶給人優
雅印象的客房

すぱりぞーと えぐぜす

SPA RESORT EXES

享受名媛愛用的護膚療程
倘徉於提升美感的奢華度假村

在設備齊全的SPA，感受全球名媛愛
用的法國香氛美體品牌 "DECLÉOR"
所施行的護膚療程，以及穿過走廊
即可到達的「Okinawa Kariyushi
Beach Resort Ocean Spa」的SPA療
程也可免費體驗。能遠望東海的別
致客房設計優雅。

☎098-967-7500 住恩納村名嘉真ヤーシ
原2592-40 交那霸機場車程70分（許田
IC10分）巴無接送服務 P383輛（免費）
●90間（皇家EXES套房（附泳池）12間等）
●2008年7月開幕 MAP P152C3

◆ 令人嚮往的重點
打開通往美麗的大門！頂級美體療程
體驗正統的香氛美肌療程，刺激身體和心靈的能
量，喚醒潛在的肌膚潛能

┈┈┈┈ 費用 ┈┈┈┈
高級雙床房 1泊附早餐
※ 平日・假日前日
　　30680日圓～
🕐 IN 14時 OUT 11時

宜野灣市

らくなが一でんほてる

拉古納花園飯店

全年皆可享受泳池戲水趣
鄰近那霸及北谷的都市度假村

「拉古納水樂園」內設有沖繩縣規模最大的戶外游泳池、附迷你滑水道的室內游泳池、按摩池、大浴場等，四季皆可盡情徜徉在度假氛圍中。此外，完全不使用機器的琉球式美體療程非常受女性歡迎。堅持使用琉球食材的全餐料理，在和、洋、中、燒烤等多家餐廳都能品嘗得到，自助式早餐的現烤麵包、蛋包也備受好評！

✦令人嚮往的重點✦
不受天候干擾
可盡興玩樂的室內游泳池

可活動也可休閒的室內游泳池，大片落地窗帶來明亮效果

··········· 費 用 ···········
標準雙床房（本館）1泊房間費用
平日・假日前日
29700日圓～
🕐 IN 14時 OUT 11時

☎098-897-2121 🏠宜野灣市真志喜4-1-1 🚍那霸機場車程30分 ＊有機場利木津巴士 🚌無接送服務 Ｐ530輛（免費）●303間（雙床房261間、單人房20間等）●2010年7月改裝完成 (MAP)P148B2

附設陽臺面朝東海的客房

高級客房採用亞洲度假村風格的室內裝潢

✦令人嚮往的重點✦
忘卻日常喧囂的美麗落日

由海景餐廳望出去的夕陽美景，彷彿是從海上欣賞一般

··········· 費 用 ···········
西式標準房 1泊附早餐
※ 平　日　14700日圓～
※ 假日前日　15700日圓～
🕐 IN 14時 OUT 11時

☎098-958-5000 🏠讀谷村宇座1575 🚍那霸機場車程70分（石川IC20分）＊有機場利木津巴士 🚌無接送服務 Ｐ540輛（免費）●465間（雙床房404間、和室38間等）●2012年12月改裝完成 (MAP)P150A2

讀谷村

おきなわざんぱみさきろいやるほてる

沖繩殘波岬皇家度假大飯店

在一望無際的殘破海灘
挑戰水上活動

殘破岬是東海沿岸名聞遐邇的落日景點，位於岬角尖端的這間飯店更被選為「日本夕陽景觀飯店100選」，擁有絕佳的景致。眼前無邊無際的殘破海灘上，有可以和家人同樂的「當地漁夫親自導覽玻璃底遊艇」，以及初學者也可參加的「划船去！浮島浮潛輕鬆遊」等豐富的海上行程，也可以在露天大浴池好好療癒疲憊的身體。

沖繩市

とうきょうだいいちほてる
おきなわぐらんめ一るりぞ一と

東京第一酒店
沖繩格蘭美爾度假酒店

南來北往交通皆便利的
都市型度假村

所有客房皆可欣賞海景並附有陽台，空間寬敞舒適，共有8種房型，可依照旅行目的做選擇。前往熱門的北谷地區、能深入當地文化的城區「KOZA（沖繩市）」都很方便。免費出借遊戲、美容用品等多種方便的設備，所有客房更備有Wi-Fi服務，非常貼心。

✦令人嚮往的重點✦
可盡情放鬆的舒適客房

寬敞的高級客房，推薦給朋友同遊及情侶

··········· 費 用 ···········
標準雙床房 1泊房間費用
※ 平日・假日前日
16000日圓～
🕐 IN 15時 OUT 12時

☎098-931-1500 🏠沖繩市与儀2-8-1 🚍那霸機場車程40分（北中城IC10分）🚌提供接送服務（需預約，免費）Ｐ240輛（免費）●300間（和室40間、套房7間等）●2006年6月改裝完成 (MAP)P149D1

在當地也很受歡迎的自助餐廳「DRESS DINER」

🏃5分內可到海灘的地理位置 🏠有海景客房 Ｋ有美體按摩設施 🏊有游泳設施 🎿有動態活動

いーえむうぇるねすりぞーと
こすたびすたおきなわ ほてる&すぱ

EM Wellness Resort Costa Vista Okinawa Hotel & Spa

運用EM技術的慢活空間
讓身心煥然一新

該飯店以追求有益身心為理念，藉由促進舒緩的EM按摩艙、溫泉浴、岩盤浴等運用EM（有益微生物菌群）技術的美體療程徹底放鬆，接著前往供應天然酵母麵包、手工果醬的「EM DELI」，或是貴徹醫食同源概念的餐廳享用美味餐點，讓身心一次獲得滿足。

✦令人嚮往的重點✦
飽足身心的豐盛美食

有日式和西式2間餐廳。照片為很受歡迎的午間自助餐

·········· ✦ 費用 ✦ ··········
標準雙床房 1泊附早餐
※ 平日 · 假日前日
　12600日圓〜
🕐 IN 15時 OUT 11時

☎098-935-1500 🅘北中城村喜舍場1478 🚗那霸機場車程45分(北中城IC5分) 🚐無接送服務 🅿180輛(免費) ●214間(雙床房191間、家庭房1間等) ●2005年9月開幕 🅜🅐🅟P148C2

房間清潔上也採用EM技術，打造潔淨的客房環境

✦令人嚮往的重點✦
陶醉在橘紅色的夕陽下

將海天染成一片橘紅，絕美的日落景致

·········· ✦ 費用 ✦ ··········
高級雙床房 1泊附早餐
※ 平　日　15000日圓〜
※ 假日前日　16000日圓〜
🕐 IN 14時 OUT 11時

☎098-921-7711 🅘北谷町美浜8-6 🚗霸機場車程40分(沖繩南IC15分)＊有機場利木津巴士 🚐無接送服務 🅿180輛(免費) ●280間(家庭式大套房83間、雙床房75間等) ●2004年7月開幕 🅜🅐🅟P148C1

為了讓視野更好，在擺設床鋪的方位上也非常講究

ざ·びーちたわーおきなわ

The Beach Tower OKINAWA

在24層樓的高樓飯店
沉醉於夕陽海濱的動人美景

聳立於夕陽海濱上，沖繩最高樓層的度假飯店。房客可免費使用相鄰的天然溫泉設施「Terme VILLA CHULA-U」，同時享受海洋與溫泉。此外，飯店就坐落在便於購物、餐飲的「美濱美國村」內，極佳的位置讓遊客能沉浸在度假村與遊逛的雙重樂趣中。飯店也提供各種兒童相關的服務，帶幼齡孩童一同前來的家族客也能安心住宿。

さざんびーちほてるあんどりぞーと

Southern Beach Hotel & Resort

距機場車程僅需20分的
正統度假飯店

沖繩本島南部首間海灘就近在眼前的正統度假飯店。從客房陽台可眺望一片海景、灣景，擁有極佳的地理位置，再加上海景餐廳、室內外游泳池、兒童遊戲館、便利商店等多種完善設施。2013年夏季更增設了附設專用休息室的精英會員樓層、新餐廳等，改裝後為房客提供更加充實的服務。

✦令人嚮往的重點✦
開闊的花園泳池

南國綠意環繞，充滿度假村氛圍的花園泳池

·········· ✦ 費用 ✦ ··········
高級海灣景觀房
1泊附早餐
※ 平日 · 假日前日
　11000日圓〜
🕐 IN 14時 OUT 11時

☎098-992-7500 🅘糸滿市西崎町1-6-1 🚗那霸機場車程20分 🚐無接送服務 🅿510輛(免費) ●448間(雙床房431間、套房11間、無障礙客房6間) ●2009年5月開幕 🅜🅐🅟P146A3

配色簡單溫和的客房，散發沉穩氣氛

以悠閒的心情小小奢侈一下
在小巧精緻的飯店度過假期

無論是結伴旅行還是單獨旅行，若想度過寧靜的假日時光
就在坐擁沖繩大自然的小巧度假村悠閒度過吧。

隱密的位置
彷彿置身於私人度假村

走下小山坡，就是宛如私人海灘
般靜謐的美麗MURUKU海灘

姬比嘉島
ほてる はまひがしまりぞーと

ホテル 浜比嘉島リゾート

在環抱大自然的天然海灘上
享受豐富的動態活動

濱比嘉島在琉球神話中被稱為眾神之島，是一座仍留有紅瓦屋頂建築等古老沖繩風情的島嶼。走下飯店專用的階梯，眼前便是一片廣闊的天然海灘「MURUKU海灘」，設有充實的水上設施，可以在未經人工破壞的自然環境中，參與浮潛、香蕉船、水上摩托車、無人島導覽等多采多姿的活動。

☎098-977-8088 住うるま市勝連比嘉202 交那霸機場車程70分(沖繩北IC30分) 巴無接送服務 P70輛(免費) ●29間(雙床房24間、和洋室2間、小型套房1間、單人房1間等) ●2008年4月改裝完成 MAP P149F4

```
‥‥‥‥‥ 費用 ‥‥‥‥‥
標準雙床房 1泊附早餐
※ 平 日    14000日圓～
※ 假日前日  15500日圓～
IN 15時 OUT 12時
```

悠閒放鬆身心

宛如浮在海上
的游泳池

佇立在山丘上
的飯店

1 從餐廳的落地窗眺望出去，大海近在咫尺 2 品嘗擺盤繽紛誘人的餐點，照片為甜點菜單一例 3 設計走時尚簡約風格的客房

▲5分內可到海灘的地理位置 ▤有海景客房 ▧有美體按摩設施 ▧有游泳設施 ▧有動態活動

宜野座村
あむすほてるず かんなりぞーとづぃら

LiVEMAX AMMS CanNa RESORT VILLA

彷彿來到南洋峇里島的亞洲風度假村

仿效峇里島風格打造的獨立式豪華套房，分別備有雙床、雙人床2種房型可選擇。附有床幔的舒適大床，營造出夢幻的度假空間。腹地內有南國植物茂密生長的庭園、天然海灘、可眺望海景的游泳池等設施，能夠貼近沖繩的大自然，悠哉度過美好的時光。

.... 費用 ....
小型雙床房 1泊附早餐
❀ 平　日　19000日圓〜
❀ 假日前日　21000日圓〜
🕐 IN 14時 OUT 11時

☎098-968-7011 🏠宜野座村漢那397-1
✕那霸機場車程60分(宜野座IC5分) 🚌有
宜野座IC〜飯店的接送服務(需事前聯絡)
🅿30輛(免費) ●豪華套房30間
●2006年4月開幕 MAP P152C4

1 洋溢峇里島風情的帷幔床 2 在游泳池畔欣賞美麗的日落景致 3 濃濃亞洲風味的本館長廊

.... 費用 ....
標準雙床房 1泊房間費用
❀ 平日・假日前日
　　16500日圓〜
　　(最多3人，第4人+1500日圓)
🕐 IN 15時 OUT 11時

☎098-958-7565 🏠讀谷村長浜718-3
✕那霸機場車程80分(石川IC30分) 🚌無
接送服務 🅿6輛(免費) ●公寓式套房6間
●2006年2月開幕 MAP P150A2

1 充滿度假風味的白牆游泳池 2 所有客房皆採挑高的樓中樓設計 3 廚房用品和生活家電、盥洗用品也很齊全

讀谷村
こーらる がーでん せぶん ぷーるず

Coral Garden 7 Pools

與自然共存的住宿型態
體驗公寓型套房的假期

所有客房皆為海景房，有6種裝潢各異的客房，為4層樓建築的公寓民宿。地下室有共用的室內游泳池，1樓為停車場，2樓為客廳、廚房、陽台，3樓有浴室、廁所，4樓則為寢室，1間房間最多可住4人。這座奢侈的度假型民宿坐落在山丘上，可一面遠眺不斷變換風貌的海景，度過宛如定居於此的悠閒時光，最適合長住的旅客。

古宇利島
ぷちりぞーととこうりじま

KOURIJIMA Petit Resort

坐擁沖繩最美的海域
1日限定3組的小島度假村

位在本島北部的小島——古宇利島。將島嶼團團包圍的大海，有著不輸極光的美麗藍色漸層，變化多端、神秘莫測。客房1天限定3組客人，皆為注重隱私的公寓式房型，所有房間皆能眺望海景，可在浴缸中一面泡澡遠眺大海，也可在寬敞陽台下的洋傘下放鬆度過，忘卻時間的流轉。

.... 費用 ....
豪華房 1泊無早餐
❀ 平　日　8300日圓〜
❀ 假日前日　8800日圓〜
🕐 IN 16時 OUT 11時

☎0980-56-1566 🏠今歸仁村古宇利192
✕那霸機場車程100分(許田IC40分) 🚌無
接送服務 🅿3輛(免費) ●3間(豪華型2間、套房1間) ●2008年10月開幕
MAP P155D2

1 由陽台眺望古宇利大橋的全景 2 襯托出島嶼景色的簡樸空間 3 使用抗紫外線的玻璃，不需擔心造成肌膚負擔

那霸市內的飯店

從簡約的都市商旅到
都會風格的度假村，
在此介紹交通便利的
那霸飯店。

え−えぬえ−−くらうんぷらざほてるおき
なわはーばーびゅー

ANA Crowne Plaza
Okinawa Harborview

講究舒適睡眠的貼心服務

可選擇枕頭和香氛的舒眠方案「Sleep
Advantage」，以及豐富的餐廳、宴會
廳等，設施完備。**DATA** ☎098-853-2111 **住**那霸市泉崎2-46
交那霸機場車程10分。那霸機場搭乘單軌電車8〜10分，壺川站・
旭橋站步行10分 **P**210輛(1泊1000日圓) **Y**標準雙床房(1泊附早
餐)平日9750日圓〜・假日前日11750日圓〜 **C**IN14時 OUT11時
●352間(雙床房317間等)●1975年6月開幕 **MAP**P142C3

旭橋

ろわじ−る すばたわ− なは

LOISIR HOTEL & SPA TOWER NAHA

盡情享受沖繩罕見的溫泉

源泉為約8000萬年前的化石海水，
有食鹽泉質等豐富的SPA設施，以
及附設海景浴室，可以享受溫泉的
客房。

DATA ☎098-868-2222 **住**那霸市西3-2-1 那霸機場車程7
分。那霸機場搭乘單軌電車7分，旭橋站步行15分 **P**303輛
(1晚1000日圓，最多2000日圓) **Y**城景雙床房(1泊附早餐)平
日10550日圓〜假日前日15500日圓〜 **C**IN14時 OUT11時 ●
89間(雙床房89間)●2009年7月開幕 **MAP**P142B2

旭橋

ほてるとうきゅうびずふぉ−となは

NAHA TOKYU REI HOTEL

女性取向的貼心服務完善

設有規劃完善的女性樓層，特別贈送
女性房客多種保養、盥洗用品。大
廳休息室更提供房客飲料無限暢飲的服
務。飯店就就位在那霸巴士總站前，前
往機場也相當方便。**DATA** ☎098-869-0109 **住**那霸市旭町
116-37 **交**那霸機場搭乘單軌電車10分，旭
橋站步行5分 **P**163輛(1泊1000日圓) **Y**標準雙床房(1泊無早
餐)平日・假日前日8000日圓〜 **C**IN15時 OUT10時 ●215間(雙
人房156間，雙床房59間)●2009年6月開幕 **MAP**P142C3

美榮橋

おきなわかりゆしあーばんりぞ−と・なは

OKINAWA KARIYUSHI
URBAN RESORT NAHA

前往慶良間群島和久米島的據點
兼作前往離島的中繼站，也可做為
賞鯨行程、慶良間當日來回行程等
的旅遊據點。

DATA ☎098-860-2111 **住**那霸市前島3-25-1 **交**那霸機場車
程20分。那霸機場搭乘單軌電車14分，美榮橋站步行15分
P450輛(1泊1000日圓) **Y**標準雙床房(1泊附早餐)平日・假日
前日15340日圓〜 **C**IN14時 OUT11時 ●269間(雙床房131
間等)●2009年7月改裝完成 **MAP**P142C1

國際通

ほてるじゃるしていなは

HOTEL JAL CITY NAHA

適合沖繩觀光的絕佳地理位置
坐落在方便購物的國際通正中央，
仍保有著沉穩氣氛的飯店。所有客
房皆使用席夢思的床墊，可享受舒
適的住宿。**DATA** ☎098-866-2580
住那霸市牧志1-3-70 **交**那霸機場車程15分。那霸機場搭乘單
軌電車16分，牧志站步行8分 **P**85輛(1天1000日圓) **Y**標準
雙床房(1泊房費用)平日・假日前日24000日圓〜 **C**IN14時
OUT11時 ●304間(單人房69間，雙床房216間等) ●2006
年6月開幕 **MAP**P144C2

國際通

ほてるぱーむろいやるなは

那霸棕櫚皇家飯店

國際通的亞洲風度假飯店
洋溢著亞洲度假風情的室內裝潢，
所有房型的衛浴皆為乾濕分離，睡
衣使用講究舒適度的亞麻材質，打
造出更勝一般商務旅館的舒適空
間。**DATA** ☎098-865-5551 **住**那霸市牧志3-9-10 **交**那霸
機場車程15分。那霸機場搭乘單軌電車16分，牧志站步行3分
P70輛(1天1000日圓) **Y**雙床房(1泊附早餐)平日・假日前日
8000日圓〜 **C**IN15時 OUT10時 ●152間(單人房111間，
雙床房40間等)●2005年7月開幕 **MAP**P145D2

縣廳前

ほてる ろこあ なは

HOTEL ROCORE NAHA

無論觀光或商務皆方便的位置
位於國際通入口&車站附近，交通
十分便利。雖然處於城市中心，使
用大量琉球玻璃的室內裝潢，仍帶
給遊客滿滿的沖繩度假風情。
DATA ☎098-868-6578 **住**那霸市松尾1-1-2 **交**那霸機場車程
15分。那霸機場搭乘單軌電車12分，縣廳前站步行3分 **P**45
輛(1天1000日圓) **Y**經濟雙床房(1泊無早餐)平日8500日圓〜・
週五・假日前日9000日圓〜 **C**IN14時 OUT11時 ●222間(單
人房72間，雙床房85間等)●2008年9月開幕 **MAP**P144B3

松山
ほてるそるゔぃーたおきなわまつやま

Hotel SolVita OKINAWA

設備齊全的時尚客房

所有客房皆提供免費Wi-Fi、空氣清淨機、燙褲機，以及可免費觀看近200部作品的電影頻道。**DATA** ☎098-863-1234 住那霸市松山2-17-17 ✕那霸機場車程10分。那霸機場搭乘單軌電車12～14分，美榮橋站~縣廳前站步行7分 Ｐ40輛(1泊500日圓) Ｙ標準單人房(1泊附早餐)平日·假日前日6000日圓～ ⏰IN15時 OUT10時 ●200間(單人房168間等) ●2005年12月開幕 **MAP**P144A1

旭橋
りーがろいやるぐらんおきなわ

RIHGA ROYAL GRAN OKINAWA

全館皆為高級樓層

隨著不同樓層，以海洋、天空等主題變換裝潢設計，充分展現沖繩大自然的時尚客房。可從14樓大廳遠眺沉入海洋的夕陽西下美景。**DATA** ☎098-867-3331 住那霸市旭町1-9 ✕那霸機場車程10分。那霸機場搭乘單軌電車11分，直通旭橋站，步行2分 Ｐ有(免費) Ｙ雙床房(1泊房間費用)平日·假日前日35640日圓～ ⏰IN14時 OUT11時 ●157間(豪華雙床房132間，豪華套房5間) ●2012年6月開幕 **MAP**P142C3

國際通
だいわろいねっとほてるなはこくさいどおり

那霸國際通 大和ROYNET飯店

位於直通車站的蔡溫廣場內

色調温和，散發寧靜氛圍的客房。雙人房為寬154公分的大床，非常舒適。**DATA** ☎098-868-9055 住那霸市安里2-1-1 ✕那霸機場車程20分。那霸機場搭乘單軌電車16分，直通牧志站 Ｐ60輛(1天1000日圓) Ｙ雙床房(1泊附早餐)6000日圓～ 假日前自10000日圓～ ⏰IN14時 OUT11時 ●261間(雙床房99間，雙人房162間) ●2011年7月開幕 **MAP**P145F2

歌町
ざ·なはてらす

The Naha Terrace

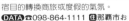

隱密的城市度假飯店

位於那霸市新都心的閑靜飯店，提供奢華的空間與頂級服務，可隨住宿目的轉換旅遊或度假的氣氛。**DATA** ☎098-864-1111 住那霸市おもろまち2-14-1 ✕那霸機場車程20分。那霸機場搭乘單軌電車16分，牧志站車程5分 Ｐ150輛(免費) Ｙ豪華雙床房(1泊住宿費用)平日·假日前日35640日圓～ ⏰IN12時 OUT12時 ●145間(雙床房105間，加大雙人房20間，套房20間) ●1999年8月開幕 **MAP**P143D1

美榮橋
りっちもんどほてるなはくもじ

Richmond Hotel Naha Kumoji

顧客滿意度居高不下的飯店集團

在民間顧客滿意度調查中，連續8年蟬聯第一的Richmond Hotel集團。講究清潔度和舒適度的客房，另備有5間無障礙客房。**DATA** ☎098-869-0077 住那霸市久茂地2-23-12 ✕那霸機場車程15分。那霸機場搭乘單軌電車14分，美榮橋站步行2分 Ｐ64輛(1泊1000日圓) Ｙ標準雙人房平日·假日前日9800日圓～ ⏰IN14時 OUT11時 ●239間(單人房138間，雙床房38間等) ●2004年4月開幕 **MAP**P144B1

縣廳前
にしてつりぞーといんなは

西鐵RESORT INN那霸

交通便利的商務飯店

地點鄰近車站，飯店後方設有租車櫃檯，無論商務還是觀光皆宜，十分方便。可在席夢思床墊上一夜好眠，放鬆疲憊的身體。**DATA** ☎098-869-5454 住那霸市久米2-3-13 ✕那霸機場車程10分。那霸機場搭乘單軌電車13分，縣廳前站步行3分 Ｐ40輛(1泊1000日圓) Ｙ單人房(1泊附早餐)平日·假日前日8400日圓～ ⏰IN15時 OUT11時 ●252間(單人房157間，雙床房23間，雙床房72間) ●2011年6月開幕 **MAP**P144A3

西海岸的高級飯店
蒙特利酒店和麗思卡爾頓酒店，位於西海岸的知名高級飯店

恩納村 ほてるもんとれおきなわ すぱあんどりぞーと

沖繩蒙特利水療度假酒店

融合典雅高級氣氛與南國開闊景觀的大型度假村

以「英國殖民地風格建築」為概念打造的正統度假村，備有SPA設施、各式各樣的戶外泳池、南國花草茂密生長的花園等，能滿足度假時光的所有需求。**DATA** ☎098-993-7111 住恩納村字冨着1550-1 ✕那霸機場車程60分(石川IC10分) Ｐ238輛(1泊500日圓) Ｙ標準雙床房(1泊附早餐)平日·假日前日35000日圓 ⏰IN14時 OUT11時 **MAP**P151F3

名護 ざ·りっつ·かーるとん おきなわ

沖繩島麗思卡爾頓酒店

日本第一間麗思卡爾頓度假村

遠離塵囂，有著優雅外觀的亞洲風度假建築令人印象深刻。設備完善的SPA內有室內游泳池和按摩池等，可享受五星級飯店的貼心服務，度過完美的奢華假期。**DATA** ☎0980-43-5555 住名護市喜瀨1343-1 ✕那霸機場車程75分(許田IC10分) Ｐ108輛(免費) Ｙ雙床房(1泊房間費用附早餐)平日·假日前日38880日圓～ ⏰IN15時 OUT12時 **MAP**P152C3

有自助式早餐

沖繩住宿 ● 那霸市內的飯店

→ 交通資訊

前往沖繩的交通方式

要怎麼到目的地呢？在目的地內要用什麼方式移動呢？
配合出發地點、旅行模式，選擇最適合的交通方式吧。

✈ 飛機 -AIR-

台北（桃園）	華航・長榮・全日空・復興・樂桃 1小時30分・1天7班	
台中	華信 1小時40分・1週2班 （夏季增設2班）	那霸機場
高雄	華信 1週2班	
台北（桃園）	華信 1小時・1週2班	石垣機場

・以上資訊為2015年5月時的資訊，參考時請確認最新航班資訊。
・飛行時間為預估值，實際飛行時間依班次而略有差異。

規劃行程的提要

搭乘飛機是前往沖繩最主要的交通方式。為了使沖繩之旅更加划算，如何降低機票費用是最大關鍵。不妨在網路上查詢各家航空公司的早鳥優惠，或者是搭乘廉價航空等優惠方案。不過通常這些優惠專案皆有名額限制、無法更改預約、高額的取消手續費等附加條件，務必多加留意。
回程時建議提早前往機場，若是搭乘巴士、計程車，或者租車自駕，須將塞車的可能性列入考量，多預留些時間提早抵達機場。

＜機場交通資訊＞

沖繩都市單軌電車（Yui Rail）

被暱稱為「Yui Rail」，連接那霸機場～首里之間，單程約27分的單軌電車。每日以間隔10分的頻率行駛，在容易塞車的那霸市內非常便利。（☞P135・P136）

計程車

沖繩本島上的計程車起跳價為500～550日圓。由機場前往那霸市區中心約15分，1300日圓左右。

租車自駕

從機場租車的話就不需提著重物奔波。若想避開市區的塞車，也可以先搭乘單軌電車前往歌町站，來到與車站相連的T GALLERIA沖繩內的專門櫃檯辦理租車手續。（☞P138）

機場利木津巴士

連結機場到讀谷、恩納地區的度假飯店。由於無法事先訂位，需在機場入境大廳的服務處購買乘車券。不過也會有客滿而無法搭乘的情況發生。（☞P136）

巴士

行駛於那霸的路線巴士，大多由單軌電車旭橋站（那霸機場出發11分，260日圓）附近的那霸巴士總站起迄。也有從機場開往那霸市內的路線，以及開往名護方向（高速巴士）的車班，但對於人生地不熟的觀光客來說較難掌控。

沖繩當地的交通方式

那霸市內為單軌電車，前往郊外則以巴士為主。
若持有駕照，當然是租車自駕最為方便。

單軌電車

機場到那霸市區的交通方式、
遊逛那霸市區內最為方便的單軌電車

那霸機場站與那霸機場國內線航廈直通，到終點首里站27分，由沖繩都市單軌電車連結，在當地又被暱稱為Yui Rail。平時10分一班，以不會受到交通堵塞影響、準時行駛為優點。沿線鐵路有高低起伏，可以從空中眺望那霸市中心的窗外景色。

好 康 情 報

單軌電車自由乘車券

可以在有效時間內，不限次數搭乘單軌電車的車票，有1日乘車券（24小時，700日圓）、2日乘車券（48小時，1200日圓）2種。此外，還享有在部分的鄰近設施、店家出示票券，即可享有折價的優惠。

週六日和假日限定的自由乘車券

僅限週六、日、假日使用，可1日內無限搭乘琉球巴士交通、那霸巴士的2000日圓車票，但須特別留意有部分高速巴士等路線無法使用。與沖繩巴士共同營運的指定路線也可使用。

機場利木津巴士

下飛機後若想直接前往讀谷、恩納方向的度假飯店，則以搭乘機場利木津巴士最為方便。在機場入境大廳的服務處購買車票，前往⑫號乘車處搭車。由於無法事先訂位，有時會遇到客滿而無法上車的狀況。利木津巴士也可做為前往度假飯店、那霸市區的移動方法之一。

洽詢　機場利木津巴士（服務中心）☎098-869-3301

那霸機場出發

A區 [往北谷·宜野灣方向] 〈1天5～8班〉

拉古納花園飯店	The Beach Tower OKINAWA	沖繩坎帕納船舶飯店	EM Costa Vista Okinawa
32分	59分	64分	79分
600日圓	800日圓	800日圓	1000日圓

B區 [往讀谷方向] 〈1天4～6班〉

Hotel Nikko Alivila	沖繩殘波岬皇家度假大飯店
75分	80分
1250日圓	1330日圓

C區 [往西海岸南部方向] 〈1天6～12班〉

Renaissance Okinawa Resort	月亮海灘飯店	太陽碼頭飯店	麗山海景皇宮度假酒店
64分	71分	77分	79分
1500日圓	1500日圓	1600日圓	1600日圓

D區 [往西海岸北部方向] 〈1天5～12班〉

ANA MANZA BEACH RESORT	The Busena Terrace Beach Resort	Marriott Resort & Spa	喜瀨海濱喜假酒店
67分	87分	92分	101分
1700日圓	2100日圓	2100日圓	2200日圓

機場接送計程車

由機場直接送往度假飯店的計程車。根據目的地有固定的價錢，只要提前預約，司機就會到入境大廳迎接。接送費用再加3000日圓，即可在入住前或是退房後，參加約1小時的迷你觀光行程。詳細請參閱 http://deigokai.ti-da.net/

洽詢　沖繩個人觀光計程車「ディゴ会」　☎090-3793-8180

飯店	所需時間	費用
拉古納花園飯店	40分	3500日圓
The Beach Tower OKINAWA	50分	4000日圓
沖繩殘波岬皇家度假大飯店	70分	5000日圓
Hotel Nikko Alivila	70分	5000日圓
Renaissance Okinawa Resort	70分	5000日圓
ANA INTERCONTINENTAL MANZA BEACH RESORT	70分	6500日圓
Okinawa Marriott Resort & Spa	90分	8000日圓
The Busena Terrace	90分	8000日圓

※所需時間為走高速公路的預估時間，高速公路通行費需另計。
※標示價格為那霸機場出發的單輛1輛（4人座小型車）費用，夜間（22～6時）須加2成。有時會有所調整，預約時請事先確認。也提供中型（5人座）等車款。

定期觀光巴士

環遊沖繩

預約：那霸巴士 ☎098-868-3750
　　　沖繩巴士 ☎098-861-0083

▶那霸巴士　A行程　首里城·戰爭遺跡　沖繩世界行程
　4900日圓（附午餐，首里城正殿的參觀費用須另付）

9：00那霸巴士總站發車 → 首里城 → 舊海軍司令部戰壕 ·
姬百合之塔（午餐） → 和平新念公園 →
沖繩世界（玉泉洞） → 16：30抵達那霸巴士總站
〔另有B行程：美麗海水族館暢遊行程、
C行程：美麗海水族館 西海岸行程、
D行程：美景·古宇利島·今歸仁·美麗海行程〕

▶沖繩巴士　B行程　美麗海水族館和今歸仁城遺址
　5500日圓（附午餐·美麗海水族館入場費用須另付）

8：45那霸（沖繩巴士本社前定期觀光巴士乘車處）發車 →
萬座毛 → 沖繩美麗海遙索爾酒店（自助式午餐） →
海洋博公園（美麗海水族館等） → 今歸仁城遺址 →
名護鳳梨公園 → 18：15抵達那霸
〔另有A行程：沖繩世界和戰爭遺跡巡禮行程等〕

那霸機場

單軌電車　路線地圖

連結沖映通，距離國際通步行約8分。前往離島船班的起訖港──泊港的旅客總站TOMARIN步行15分。

位於商業區的中心，距離國際通九茂地側入口步行約2分。鄰近商業大樓、Palette久茂地百貨公司。

國道58號沿線上唯一的車站，與那霸巴士總站以連結通道相連，開往沖繩市外的各線巴士乘車處多集中於此。

與那霸機場相通，由機場巴士總站前往車站約3分即可到達，也是日本最西邊的車站。

最接近首里城的車站。要前往首里城的話，可搭乘7號、8號的巴士150日圓。

● 那霸新港

那霸國際線旅客航廈

沖繩縣立博物館·美術館 ●

T GALLERIA沖繩

● 泊港·TOMARIN

古島

2分

2分

市立病院前

2分

歌町

儀保

2分

波之上宮 ●

美榮橋

三越

牧志

1分

安里

Hotel Nikko Naha Grand Castle

首里

縣廳前

2分

1分

國際通

2分

首里城

Palette 久茂地百貨公司

2分

● 沖繩縣廳　壺屋

沖繩都酒店

首里城公園

那霸港

旭橋

● ANA Crowne Plaza Okinawa Harborview

那霸巴士總站

2分

壺川

與T GALLERIA沖繩相通。為最接近那霸新都心的車站。

奧武山公園

2分

漫湖

靠近國際通的安里方向，位在接近蔡溫橋交叉路口的正上方。

那霸機場

4分

2分

小祿

1分

赤嶺

日本最南邊的車站，站前廣場設有標示最南端的石碑。

● 費用為230～330日圓。
● 前往相鄰的車站使用「おとなりきっぷ」100日圓。

 ## 搭船前往沖繩

由台灣出發，還可以透過郵輪的方式前往沖繩。在郵輪上，從一登船那刻起旅程隨即開始。除了可以享受船上設施，還有精彩表演可看，若想體驗航行於海上的樂趣不妨試試。

基隆出發

麗星郵輪寶瓶星號提供停靠石垣島的3天2夜航程，以及停靠石垣島、那霸的4天3夜行程。3～10月間，週週都有航次，提供多元的岸上行程方案。

高雄出發

麗星郵輪寶瓶星號提供停靠那霸、石垣島的5天4夜行程。同上述自基隆出發的航班，提供多種附華語導遊的岸上觀光行程。

詳情請洽麗星郵輪 ☎02-2175-9500

洽詢處

飛機		巴士		計程車	
長榮航空	☎0800-098-666	機場利木津巴士（服務中心）	☎098-869-3301	三和交通	☎0120-100-084
中華航空	☎(02)412-9000	那霸巴士	☎098-852-2500	沖繩交通	☎098-861-2224
華信航空	☎(02)412-8008	琉球巴士交通	☎098-852-2510	沖東交通	☎0120-21-5005
復興航空	☎(02)4498-123	沖繩巴士	☎098-862-6737	那霸個人計程車事業協同組合	☎098-857-0034
全日空	☎(02)2521-1989	東陽巴士	☎098-947-1040		
樂桃航空	☎(02)8793-3209			單軌電車	
				沖繩都市單軌電車	☎098-859-2630

由那霸機場出發的交通資訊

往恩納村（利用高速公路）
到ANA INTERCONTINENTAL
MANZA BEACH RESORT（距機場52km）
- 車程1小時
- 機場利木津巴士　1小時10分　1700日圓
- 接駁計程車　1小時10分　6500日圓

往名護市（利用高速公路）
到名護市役所
（距機場75km）
- 車程1小時20分
- 高速巴士1小時45分2190日圓

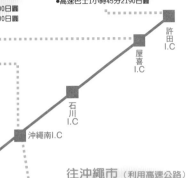

許田 I.C
屋喜 I.C
石川 I.C
沖繩I.C
北中城I.C

往讀谷村
到Hotel Nikko Alivila（距機場35km）
- 車程1小時
- 機場利木津巴士　1小時15分　1250日圓
- 接駁計程車　1小時10分　5000日圓

往那霸市區
到縣廳前（距機場6km）
- 車程10分　● 計程車　1300日圓〜
- 單軌電車　13分　260日圓
- 路線巴士　15分　230日圓

沖繩自動車道

往沖繩市（利用高速公路）
到KOZA十字路口（距機場31km）
- 車程40分　● 計程車　5900日圓〜
- 路線巴士（走高速公路）1小時1110日圓

單軌電車

縣廳前　首里
旭橋
那霸巴士總站
那霸I.C
赤嶺站

那霸機場

西原JCT

那霸機場自動車道
（免費）

豐見城·名嘉地I.C

國際通

往糸滿市
到糸滿市圓環（距機場11km）
- 車程20分　● 計程車2400日圓〜
- 單軌電車3分（赤嶺站轉乘）路線巴士30分
　600日圓（單軌電車＝使用おとなりきっぷ）

➕ 交通小知識

沖繩的輕便鐵路
沖繩在大正時期到昭和初期曾經設有鐵路，如今「NEO PARK OKINAWA」（名護自然動植物公園·660日圓）中的輕便鐵道，便是將當時的沖繩電車輕便鐵道復原出四分之三的成果。可以搭乘可愛的火車，一面聆聽導覽一面繞行園區一圈約20分660日圓。DATA☞P65

日本最南端的車站
由那霸機場搭乘單軌電車後經過的第一個車站「赤嶺站」，雖然很容易直接跳過站的車站，但這裏可是日本最南邊的車站。順帶一提，「那霸機場站」則為最西邊的車站。這兩個車站是在沖繩單軌電車開通後才誕生的「最西邊」和「最南邊」車站。

銀巴士
現今那霸巴士的前身「那霸交通」在昭和後期的外觀，曾經是銀色配上藍色線條的烤漆，而被當地人暱稱為「銀巴士」。這些「銀巴士」在平成15年（2003）左右步入歷史，當時還更引起不小的銀巴士風潮。

單軌電車展示館
館內有影像專區，可觀看單軌電車從開工到竣工的模樣，並展示有第二次世界大戰前在沖繩穿梭的輕便鐵道的相關文獻。免費入館，可做為在機場消磨等待時間的好去處。DATA☞P42

在沖繩兜風

除了那霸市內之外，沖繩其他地方幾乎沒有塞車的問題，可享受愜意舒適的兜風，不過這裡有許多摩托車，須特別留意。在那霸市內行駛時，除了塞車外也須注意「巴士專用道管制」。

租車自駕是遊逛沖繩的最佳方法

沖繩除了單軌電車外並無其他鐵路，所以在交通方面還是以租車自駕最為方便。不過由於沖繩人習慣以車代步，塞車狀況屢見不鮮。回程時須特別留意班機時刻，並將還車手續辦理的時間列入考量，多預留一些時間。

由那霸機場出發的主要路線

▶ 往名護方向

縣道231號 ⟶ 豐見城·名嘉地IC ⟶ 那霸機場道 ⟶
沖繩道 ⟶ 許田IC ⟶ 國道58號 ⟶ 名護市區
● 需時約1小時20分　約75km　通行費980日圓
●名護往奧間海灘
縣道71號 ⟶ 國道58號　● 需時約50分　約29km

▶ 往沖繩美麗海水族館方向

縣道231號 ⟶ 豐見城·名嘉地IC ⟶ 那霸機場道 ⟶
沖繩道 ⟶ 許田IC ⟶ 國道58號 ⟶ 名護市區 ⟶
縣道84號 ⟶ 國道449號 ⟶ 縣道114號
● 需時約2小時　約102km　通行費980日圓

▶ 往北部（邊戶岬）方向

縣道231號 ⟶ 豐見城·名嘉地IC ⟶ 那霸機場道 ⟶
沖繩道 ⟶ 許田IC ⟶ 國道58號 ⟶ 名護市區 ⟶
縣道71號 ⟶ 國道58號 ⟶ 邊戶岬
● 需時約2小時50分　約129km　通行費980日圓

▶ 往北谷方向

國道332號 ⟶ 國道58號　● 需時約55分　約22km

▶ 往殘波岬方向

國道332號 ⟶ 國道58號 ⟶ 縣道6號 ⟶ 一般道路
● 需時約1小時30分　約39km

▶ 往萬座毛方向

國道58號 ⟶ 豐見城·名嘉地IC ⟶ 那霸機場道 ⟶
沖繩道 ⟶ 屋嘉IC ⟶ 一般道路
● 需時約1小時05分　約58km　通行費640日圓

▶ 往伊計島方向

縣道231號 ⟶ 豐見城·名嘉地IC ⟶ 那霸機場道 ⟶
沖繩道 ⟶ 沖繩北IC ⟶ 縣道36號 ⟶ 縣道75號 ⟶
縣道10號 ⟶（海中道路）⟶ 縣道10號
● 需時約1小時15分　約53km　通行費460日圓

▶ 往首里城方向

縣道231號 ⟶ 縣道221號 ⟶ 國道330號 ⟶
縣道29號 ⟶ 縣道50號
● 需時約30分　約10km

▶ 往齋場御嶽方向

縣道231號 ⟶ 縣道221號 ⟶ 國道329號 ⟶ 國道331號
● 需時約1小時　約26km

▶ 往糸滿方向

縣道231號 ⟶ 國道331號　● 需時約20分　約11km

●糸滿往姬百合之塔
國道331號　● 需時約15分　約5km

▶ 往玉泉洞方向

縣道231號 ⟶ 豐見城·名嘉地IC ⟶ 那霸機場道 ⟶
南風原南IC ⟶ 國道507號 ⟶ 縣道48號 ⟶ 縣道17號
● 需時約30分　約18km

規劃行程的提要

● 那霸市區的國際通、前往機場的國道58號是塞車情形非常嚴重的區域。建議先在歌町的T GALLERIA沖繩內的租車公司櫃台還車，再搭乘單軌電車前往機場，即可避開塞車，也較能預估抵達機場的時間。不過若有大量行李，在轉乘上也會較不方便。

● 除了上述的國際通、國道58號外，還有新都心地區、西原IC、許田IC一帶等早晚時段容易塞車的地段。在首里城週邊等地，為了防止交通混雜，會隨時段調整車道中央線，調整中央線的區域設有專用的信號燈，請多加確認。

● 那霸市內的國道58、329號及國際通等處，除了週六·日、假日、1月2·3日以外，每日早晚皆會實施「巴士專用道管制」，最左側的車道會改為巴士專用道，一般車輛無法開進。若違反交通規則，則將處以罰金和違規記點，務必注意沿路的標識。詳細的交通規則、實施時段請上沖繩縣警察官方網站查詢。此外，國際通每週日12～18時為行人徒步區，車輛禁止進入。

● 交通堵塞時，會有許多機車逆向開上對向車道。當對向車道塞車時，前方便有可能會有機車迎面駛來，務必多加小心以防發生事故。

● 在沖繩北部的山原地區兜風時，時常可見繪有動物圖案的「動物出沒」、「小心動物衝出」的標識。由那一帶常有琉球地龜、山原秧雞、琉球棘蝾等稀有動物橫越馬路，請記得放慢速度。

利用租車服務的注意事項

① 出發前務必先預約。

● 利用網路向各間租車公司申請預約。

● 向旅行社報名行程時一同預約租車，或者直接報名租車自駕的行程。

● 與機票搭配申請。

② 決定租車地點和還車地點。

● 那霸機場
那霸機場的入境大廳內有各間租車公司的服務人員待命，會帶領旅客搭車前往營業處申辦手續。還車時也是在這個營業處。

● 那霸市內的營業處
也可在國際通、美榮橋、歌町（T GALLERIA沖繩內）等市內主要地區的租車營業處借車。

洽 詢

道路·租車

NEXCO西日本	☎ 0120–924–863
★ TOYOTA租車	☎ 0800–7000–111
★ NIPPON租車	☎ 0800–500–0919
NISSAN租車	☎ 0120–00–4123
★ ORIX租車	☎ 0120–30–5543
Times租車	☎ 0120–10–5656
FUJI租車	☎ 0120–439–022
★ OTS租車	☎ 0120–34–3732
ABC租車	☎ 0120–703–701

★＝接送車可開至廉價航空航廈的租車公司

沖繩自動車道　通行費用&距離

							許田
1020日圓	980日圓	720日圓	630日圓	480日圓	330日圓	170日圓	許田
880日圓	840日圓	580日圓	500日圓	330日圓	170日圓	宜野座	9.2km
770日圓	730日圓	460日圓	370日圓	170日圓	金武	8.2km	17.4km
650日圓	600日圓	330日圓	230日圓	石川	8.5km	16.7km	25.9km
500日圓	460日圓	140日圓	沖繩北	8.5km	17.0km	25.2km	34.4km
410日圓	370日圓	沖繩南	5.1km	13.6km	22.1km	30.3km	39.5km
———	豐見城·名嘉地	26.9km	32.0km	40.5km	49.0km	57.2km	66.4km
那霸	17.8km	22.9km	31.4km	39.9km	48.1km	57.3km	

·高速公路費用為普通車輛的通行費用。

休息站

沖繩本島以國道58號沿線為中心，散布著7座各有特色的休息站（道の駅），兜風途中不妨來此休憩。

許田休息站

沖繩美麗海水族館　今歸仁城遺址　YUIYUI國頭　邊戶岬

449　大宜味

名護市

許田IC　許田

萬座毛　58

殘波岬　恩納村　宜野座IC

屋嘉IC　金武IC

陶器之鄉　石川IC　沖繩自動車道

讀谷町　喜名番所

嘉手納　沖繩北IC

北谷町

沖繩南IC

美濱美國村　沖繩市

北中城IC

首里城　西原IC

那霸IC　西原JCT

那霸機場　南風原北IC

豐見城·名嘉地IC　南風原IC　齋場御嶽

豐崎

糸滿　豐見城IC

姬百合之塔　玉泉洞

和平祈念公園

那霸機場自動車道（免費）

在沖繩以汽車代步最方便

遊逛沖繩前的
相關小知識

起身前往沖繩之前，不妨透過沖繩的各式指南書、電影來做功課。
季節性的祭典、活動資訊也千萬不可錯過。

沖繩相關書籍

許多小說及旅遊指南皆有介紹沖繩獨特的飲食文化及傳統，不妨做為旅遊的輔助帶著去旅行。

沖繩上手な旅ごはん

作者為一般上班族，以獨特的觀點瀏覽島豆腐、苦瓜等沖繩的美味佳餚，是那霸三天兩夜的吃喝玩樂行程的最佳良伴。
文春文庫PLUS / 2005年 / さとなお著 / 648日圓（含稅）

うりひゃー!沖繩

從健康、飲食文化到沖繩各地的奇妙景點，作者歷經超過5年的調查研究，深入介紹不一樣的深度沖繩。
光文社 / 2004年 / アジア文俊、よねやまゆうこ著 / 802日圓（含稅）

目からウロコの琉球・沖繩史

沖繩的移民潮早在500年前就出現了？本書以琉球王國時代為中心，藉由專欄形式說明多種有趣的歷史插曲。
ボーダーインタ / 2007年 / 上里隆史著 / 1728日圓（含稅）

沖繩学—ウチナーンチュ丸裸—

透過沖繩人不知是豪邁還是隨便的「大概主義」等，從各種角度來分析沖繩文化，是一本令人不禁捧腹大笑的沖繩書。
新潮社 / 2006年 / 仲村清司著 / 562日圓（含稅）

沖繩相關電影

日本有許多有歡笑及淚水的動人電影，皆以沖繩為故事背景。可以事先感受沖繩療癒人心的緩慢時光。

三弦之戀

以79歲奶奶為主角所展開的愛情故事，橫跨60年歲月的戀曲是否能開花結果？該片找來沖繩民謠的重量級人物登川誠仁飾演老奶奶的丈夫，豪華陣容令人矚目。
2005年 / 主演：西田尚美 / 導演：中江祐司

沖繩　ちゅうら海～南の楽園～

沖繩、八重山、トカラ…秘密の隠れ家ビーチリゾートをめぐる旅

內容網羅宮古島、竹富島、奄美大島，以及從沖繩廣布至鹿兒島等多座島嶼的美麗海景。耀眼燦爛的陽光、純白沙灘，再加上五彩繽紛的熱帶魚悠游水中的海中景象等，瀰漫南國風情的畫面具有洗滌心靈的效果。
2007年

天國的來信

以富有瑰麗景致的竹富島為背景，描述一名少女在每年生日，都會收到離開島上的母親所捎來的信，而這些信件也陪伴著少女長大的成長故事。由蒼井優擔綱主演，自然生動的演技令人沉醉。
2006年 / 主演：蒼井優 / 導演：熊澤尚人

© 2005エルゴ・ブレインズ

電影外景地

從白色沙灘及蔚藍海洋到充滿生氣的市場，不妨在旅途中尋找令人印象深刻的電影拍攝景點吧！

農連市場【淚光閃閃】

主角新垣洋太郎（妻夫木聰）的工作地點。從深夜到清晨，前來採購新鮮蔬菜的客人絡繹不絕。
農連市場
DATA ☞P42

珊瑚田【守著陽光守著你】

電影中，由岡村隆史飾演的金城浩二費盡心思養殖珊瑚的養殖設施。這座人工珊瑚礁池可孕育出約5萬株珊瑚。
Gala青海
DATA ☞P83

沖繩方言

極具特色的單字和語調令人印象深刻！只要記下這些單字，你也可以變成沖繩人！？

ハイサイ（haisai）…你好
にふぇ～でーびる（nife～de-biru）…謝謝
かなさんど～（kanasando～）…我愛你
ソーミン（so-min）…素麵
メンソーレー（menso-re-）…歡迎光臨
ウチナージラー（uchina-jila-）…沖繩臉
ウチナーグチ（uchina-guchi）…沖繩方言
ナイチャー（naicha-）…沖繩地區以外的人
ガチマヤー（gachimaya-）…貪吃鬼
アンマー（anma-）…媽媽
アチコーコー（achiko-ko-）…燙

祭典・活動

沖繩一年之中有許多活動與祭典，例如EISA舞等，盡是深富歷史傳承性的盛大慶典。

3月 沖繩國際電影節

活動涵蓋電影、影像、搞笑表演、音樂等，是一個充滿娛樂性的大型影視活動。

☎03-3209-8479
住宜野灣市沖繩會議中心及週邊地區
MAP P148B2

5月上旬 那霸划龍舟

ハーリー(ha-ri-)在沖繩方言中意指划龍舟賽，是沖繩各地所舉辦的划龍舟競賽當中，規模最盛大的一場。

☎098-862-1442(那霸市觀光協會)
住那霸新港埠頭 MAP P148A3

8〜9月左右 沖繩全島EISA舞祭

陰曆盂蘭盆節時，沖繩各地皆會舉辦團體舞蹈大會。本活動將各島EISA舞齊聚於此，表演他們最雄壯有力的舞姿。

☎098-937-3986(沖繩全島EISA舞祭執行委員會) 住沖繩市KOZA運動公園 MAP P148C1

9月底 糸滿大綱引拔河

兩組人馬藉由長達180公尺的稻梗粗繩拔河較勁，祈求五穀漁獲豐收的儀式，並依據拔河結果預測吉凶。

☎098-840-8135(糸滿市商工觀光課)
住糸滿市糸滿圍環一帶 MAP P146A3

10月 那霸大綱挽拔河祭

祭典期間所舉辦的那霸大綱挽，全長約200公尺的大繩已獲金氏世界紀錄認證。

☎098-862-3276
(那霸市觀光課) 住那霸市久茂地交叉路口一帶 MAP P144A2

花卉

亞熱帶氣候孕育出色彩繽紛的植物，街道上隨處可見的美麗花卉，帶來濃濃的熱帶氣息。

山櫻花
（緋寒櫻）

1〜2月會開出桃紅色的花朵，是沖繩具代表性的櫻花。

扶桑花

由紅色、黃色等綺麗色彩點綴的花卉，全年都可在公園、圍牆邊看見扶桑花的蹤跡。

刺桐

刺桐是沖繩縣的縣花，於春夏綻放紅色花朵，常見於行道樹上。

琉球木荷

生長於沖繩本島中北部山上的野生品種，在梅雨季節（5〜6月）會開出白色花朵。

水茄冬

水茄苳是沖繩夏季最著名的風景之一，垂懸花苞綻放出許多淡白花朵。

季節水果

沐浴在南方島嶼艷陽下的水果，帶有酸甜風味又好吃，旅途中一定要來嚐嚐看。

香檸

產季為8〜11月，沖繩常使用香檸來代替果汁、檸檬烹調。

百香果

強烈的酸味與顆粒口感叫人難以抗拒，產季為1〜3月、6〜7月。

芒果

被稱為水果之王，柔嫩的果肉和濃郁的香氣為其特徵。產季為7〜8月。

鳳梨

酸甜風味完美平衡，是沖繩的代表水果，產季在6〜9月。

火龍果

產季是7〜9月。紅通通的果實十分吸引人，白色果肉清甜可口。

服飾

沖繩大概多熱？多冷？旅行前，確認一下適合各季氣候的服裝吧。

1〜2月
沖繩最寒冷的時期。由於北風強勁，最好帶件保暖的厚外套。

3〜4月
被稱為「初潤」的涼爽季節，穿著薄長袖外套即可。

5〜6月
5月初進入梅雨季，夜晚稍有寒意，白天穿著短袖即可。

7〜8月
梅雨季節於6月下旬結束，開始進入盛夏，帽子是必需品，需徹底做好防曬措施。

9〜10月
入秋後炎熱依舊，穿著夏季服裝即可。10月下旬左右開始，入夜須加件薄外套。

11〜12月
11月是沖繩換季的時節，雖然白天氣溫暖，夜晚還是需要穿件外套。

東海

往鹿兒島・名瀨・與論↑

156

154-155 名護

152-153
沖繩 150-151
那覇 148-149
146-147 **142-143**

往座間味島・渡嘉敷島・阿嘉島

那覇港

新港埠頭東緣線地
往浦添・宜野灣・北谷↑

新港埠頭
中央緣化公園
天久綠地

泊漁港

泊港
泊大橋
泊(三)
泊

那覇郵輪渡船口
ホテルクレシア沖縄泊港
P.132 OKINAWA KARIYUSHI URBAN RESORT NAHA
P.92 (TOMARIN)泊埠頭旅客總站
Tune Hotel Naha Okinawa
若狹海濱公園
若狹(三)
HOTEL RESONEX
NAHA
美榮橋站

波之上
P.42 波之上海空公園
若狹(一)
旭ヶ丘公園
松山
松山

58
波之上G
卍護國寺
辻
福州園
P.42
那覇商高
久茂地

Naha Beach Side Hotel
西(三)
P.96 高良食堂
東京第一ホテル那覇シティリゾート
久茂地

P.109 ROBOTZ
千日
P.104
縣廳前站

沖縄太平洋酒店
西新綠地
真教寺卍
琉球サンロイヤルホテル
那覇市役所
沖縄縣廳

LCC專用航廈
P.115 タウンプラザかねひで西町店
西(一)
機場入口
ホテルグランティア那覇
ホテル
マリンウエスト那覇
那覇高

鏡水
P.132 LOISIR HOTEL &
SPA TOWER NAHA
那覇希爾頓逸林酒店
旭橋站
那覇高

國際線航廈
通堂町
那覇埠頭前綠地
330
旭町
NAHA TOKYU
REI HOTEL
P.132

稅關支署
332
住吉町
那覇渡輪渡船口
旭橋
RIHGA ROYAL
GRAN OKINAWA
P.133
明治橋
329
泉崎
裁判所

那覇機場
P.116
那覇機場站
陸上自衛隊那覇駐屯地
小祿
331
圀場川
北明治橋
(人行橋)
ANA Crowne
Plaza Okinawa
Harborview
P.132
楚辺
(一)
壺川

P.42 單軌電車展示館
鏡水
山下
縣立武道館
壺川站
沖縄那覇美居酒店
古波藏

331
がじゃんびら公園
沖縄セルラー
スタジアム那覇
奧武山
陸上競技場
奧武山公園
年金事務所
吉波藏

安次嶺
那覇市
那覇西高
奧武山公園站
小祿高
那覇大橋
漫湖公園

那霸輕軌
(沖繩都市軌輪電車)
231
小祿(五)
221
小祿站
漫湖
那覇東
漫湖公園

安次嶺
安次嶺綠地
小祿金城公園
森口公園
漫湖公園
とよみ大橋

航空自衛隊那覇基地
AEON那覇店
田原公園
小祿站
漫湖公園市民庭球場
漫湖

チャビラホテル那覇
金城(五)
221
田原
62
漫湖東

赤嶺站
森口公園
7
琉生團地

那覇廣域
0　　　300m
歩行約4分
赤嶺
HOTEL Gran View OKINAWA
赤嶺
221
7
小祿

往糸滿↓
高良

Richmond Hotel Naha Kumoji P.133
HOTEL le Blion NAHA
往浦添
往浦添 前島
前島（二）フレッシュプラザユニオン
前島（一）
渡 川
那覇久茂地郵局
前島橋
P.133 Hotel SolVita OKINAWA
GRGホテル那覇
松山（二）
若松入口
美栄橋
美栄橋站
沖映通
淳久堂
美栄橋站
渡久地内科
P.104 Vita Smoothies
東横INN那覇美栄橋站
HOTEL TAIRA
松山Roco Inn
松山（一）
松山公園
アパホテル那覇
ホテルエアウェイ
沖縄居酒屋 抱瓶 久茂地店
松山
P.30 zakka TUKTUK
牧志（一）緑ヶ丘公園
P.22 元祖大東ソバ
Cinnamon cafe P.31
P.97 お食事処 みかど
那覇商高
大典寺
久茂地（二）
58
P.163 ライブ&沖縄料理 ライブハウス島唄
～知名定男・ネーネーズの店～
おきなわ屋 本店 P.29
P.29 Bijou Box
P.31 HOTEL JAL CITY NAHA
P.141 那覇
大綱挽抜河祭
農林中金前
炭火焼と泡盛 GeN
P.101 海産物料理と
泡盛の店
なかむら家
P.99 沖縄第一ホテル
P.25 珈琲屋台 ひばり屋
P.132 HOTEL
P.31 tituti OKINAWAN CRAFT
琉球珈琲館 P.25
球陽館太陽宮酒店
西鐵RESORT INN那覇 P.133
往那覇機場前
琉燊本店通り
P.101 カラカラと
ちぶぐゎー久茂地（三）
BLUE SEAL 國際通店
沖縄ハイビスカス P.26
琉球銀行本店
おでん専門店
おふくろ
久茂地
P.97
ホテルまるき
P.43 バウムクーヘン専門店
ふくぎや
松
アトリエ&ショップ
MIMURI P.108
松尾
家庭料理の店
まんじゅまい
郷土料理あわもり
ゆうなんぎい P.101
松尾
ホテル
国際プラザ
松尾青物通り
往那覇機場
ホテル
サン沖縄
縣廳前站
美栄橋郵局
塩屋 國際通店 P.25
ホテルニュー
おきなわ
ライブ&居食屋 かなぐすく P.103
浮島ガーデン P.98
P.42 那覇市歴史博物館（4F）
久茂地（一）
Palette
沖縄
本店前
沖縄県庁前
P.31 琉球びらす 浮島通店
LA CUCINA SOAP BOUTIQUE
コンフォートホテル那覇県庁前
かりゆしLCH
泉崎県庁前
沖縄かりゆし琉球ホテル・ナハ
HOTEL
ROCORE NAHA P.132
わしたショップ 國際通本店 P.113
琉堂 わしたショップ店 P.24
うみちゅらら P.43
Lamp cafe+zakka
松尾公園
久田クリニック
松尾（二）
222
P.29 KUKURU 島結店
御菓子御殿 國際通松尾店 P.113
Café des Tartes 松尾店 P.24
那覇市役所
沖縄縣廳
ホテルチュラ琉球
泉崎（一）
往巴士總站
39
わたんじ通堂町
古謝医院
平良クリニック
沖縄県警察本部
那覇高
那覇高
開南小

那覇中心
0 75m N
歩行約1分

330
ハーバービュー通り
楚辺（一）
221
A B C

泊(一)
安里川
まきし歯科
崇元寺公園
サンプラザホテル
安里
神徳寺
D
安里(三)
崇元寺
仲良橋
旧崇元寺
石門 P.42
金滿宮
安里1
安里(三)
E
F
1
崇元寺通
往首里
大道中央病院
MaxValu
牧志店
安里新橋
内原内科小児科医院
安里
安里三差路
安里
那覇セントラルホテル
ホテルロイヤル
オリオン
ホテルオーシャン
安里十字路
ステーションホテル牧志
ホテルサン・クイーン
牧志(二)
P.28 海想 國際通店
牧志公園
P.101 泡盛と琉球料理 うりず
安里(二)
ホテルラッソ国際通り
A&W 國際通牧志店
P.42
P.43 琉球醤油屋
蔡温橋
ホ南西観光テル
蔡温廣場
久髙民藝店 P.43
那覇國際通大和
ROYNET飯店 P.133
ALOHA SHOP
PAIKAJI P.28
牧志郵局
工房 花時
壺小
牧志站
SHIMER'S
CAFE P.27
安里(字)
2
むつみ橋かどや
牧志
ベストウェスタン那覇イン
安里站
P.26
フルーツ市場 P.27
ホテルパームロイヤルNAHA P.132
安里驛前
むつみ橋
TENBUSU那覇
沖縄まんまる
Grand Blue 那覇店 P.28
嶺井医院
唐吉・郵徳
カフェむつみ橋通り店
マーミヤかまぼこ牧志店 P.27
那覇市傳統工藝館 P.111
那覇市觀光服務處 P.18・33
古酒家本店 P.113
タコス専門店 Tacos-ya國際通店 P.26
希望ケ丘公園
安里橋
民謡居酒屋地酒横丁 P.103
平和通
パーラーKinjo P.33
食品サンプル山月 ムーンリトル
姫百合橋
松原屋製菓 P.27
花笠食堂 P.96
ふくら舎 P.48
3
揚げ善 P.33
那覇市第一牧志公設市場(まちぐゎー) P.23・33
姫百合橋
商店街ビル
H&Bジェラ沖縄牧志店 P.105
呉屋てんぷら屋 P.33
玩具ロードワークス P.29
料理工房・てだこ(^o^)亭 P.98
妙徳寺
佐久本内科小児科
那覇市立壺屋焼物博物館 P.34
GARB DOMINGO
育陶園 陶芸道場 P.35
新里歯科医院
三原(一)
guma-guwa
P.35
壺屋陶器街
壺屋(二)
沖縄
craft house
Sprout
P.35
壺屋
P.23・34
うちなー茶屋ふくぶく
いろは屋
手作り陶房んちゃぜーく
壺屋
4
開南洋裁学院
開南
330
神原小
D
開南
P.43・140 農連市場
樋川(二)
E
神原
往小緑
神原
寄宮(一)
F

A　　B　　C

往浦添・宜野湾・北谷 縣廳前站 往西原JCT 沖縄CC 我謝 中頭郡
稅關支署 沖縄縣廳前 沖縄IC 運玉森 158▲ 往中城 西原町
競水 首里金城町 158▲ 島尻郡 329 西原
明治橋 住吉町 那 與那原町 西浜
332 垣花町 開南 那霸 きらら
那霸 壺川站 壺川 与儀 240 ビーチ
機場站 山下 古波藏 首里山里町 南風原北 与那原東浜 77
那霸市 奥武山公園站 330 寄宮 真地 241 自与那原 与那原町役場
231 識名公園 222 自動 マリンタウンG
航空自衛隊那霸基地 那霸大橋 沖縄大 識名園 車道 大里 331
陸上自衛隊那霸基地 奥武山公園站 507 国場 宮平 329 大里古堅店
那霸空港基地 漫湖 仲井真 82 宮平 そば処 玉家 P.94
小祿站 とよみ大橋 329 真玉橋 240 大里內原公園

P142-143 高良 本部公園 南風原町役場 本部 大里城公園
HOTEL Gran 宮城 11 那霸東バイパス 南風原町 高津嘉山▲ 黄金森公園 128 77
View 331 331 那霸 島尻郡 241
OKINAWA 222 根差部 南風原町 南風原南 神里ふれあい公園 仲間
舊海軍司令部壕戰蹟 P.90 長堂 山川橋 市役所大里庁舎 137
P.106 Jef豊見城店 11 豊見城市 金良 86 勤労者体育センター 大里
豊見城 我那霸 宜保 饒波川 饒波 豊見城隧道 稲福 ユインチホテル南城
くぅーすの杜 忠孝蔵 68 上田 運玉森神里 稲嶺間
名嘉地 名城 渡嘉敷 82 友寄 稲領 86
豊見城CC 座安 高嶺 屋宜原 南城市
与根 尻根 507 南城市
HOTEL Gran View Garden OKINAWA 武富 上田原

豊見城市役所 翁長 8 東風平運動公園 東風平
豊崎 沖縄奥特萊斯購物中心 北波平 志多伯 131 後原 南城市役所
美麗SUN Ashibinaa P.91 賀数 町役場東風平庁舎 Gangara山谷 P.90
海灘 P.90 阿波根 当銘 志多伯東 富盛 Atelier+Shop
運転免許 134 東風平 COCOCO P.111
センター 西崎庭球場 52 富盛 雄 玉泉洞
西崎運動公園 豐原 文化王國・玉泉洞 樋川 陸武入口
岡波岩 西崎球場 潮平 座波 世名城 17 玉城
P.129 西崎親水公園 82 与座 高良 具志城 17 玉城陸自大橋
Southern 兼城 世名城 八重瀬町
Beach 糸滿休息站 屋宜東 与座 大頓 島尻郡 雄樋川大橋
Hotel & Resort P.141 照屋 77 八重瀬町 港川
糸滿漁港 糸滿大綱 照屋 陸上自衛隊 具志頭 八重瀬町役場 本中てんぷら店 P.87
ふれあい公園 引拔河 54 八重瀬分屯地 那霸GC 安里 具志頭社会体育館
美美海灘 77 国吉 航空自衛隊 玻名城
糸滿 P.91 糸滿市役所 潮崎町 与座岳分基地 ▲168 与座岳 八重瀬分屯地 Southern
市立中央図書館 パームヒルズ 陸上自衛隊 ザ・サザンリンクス・GC Links Resort
東 海 4号ロンドン社公園 ゴルフリゾートクラブ 与座分屯地 富盛
白梅之塔 新垣 南山CC
榮里之塔 南山CC ザ・サザンリンクス・GC
エージナ島 真栄里 真栄平 仲座 15 与座 慶座絶壁
北名城海灘 P.90 真栄里南 250 和平祈念堂
小波蔵 54 真壁 茶処 真壁ちなー P.91 宇江城 沖縄和平祈念資料館 P.86
名城バイパス 伊敷 糸滿市 仲座
小波蔵 3 名城 糸州 姫百合之塔・ 米須 黎明之塔 和平祈念公園 P.86
南波平 姫百合和平祈念資料館 P.86 摩文仁之丘
P.91 琉球玻璃村 331 日向之塔 米須 大度 健兒之塔
喜屋武 伊原 223 大度海岸
福地 山城 魂魄之塔 摩文仁之丘
東里 和平創造之森公園
P.90 喜屋武岬 荒崎

A　　B　　C

宜野灣・北谷周邊

0　　　1km　N

東　海

往讀谷・恩納

中頭郡嘉手納町
P.141 沖繩全島EISA舞祭
沖繩南
中頭郡
北谷町
美軍施設
嘉手納飛行場
KOZA運動公園

砂辺馬場公園
浜川　下勢頭　上勢頭
シーサイドホテルザ・ビーチ　砂辺
P.82 宮城海岸
国体道路入口
北谷ボウル　伊平　23
上勢桑江公園
桃原公園

浜川漁港
海人ワーフ
北谷町役場
桑江

南桃原
ライカム

P.129 The Beach Tower OKINAWA
P.76 Depot Island
美浜　24　吉原　玉上
P.129 EM Wellness Resort
Costa Vista Okinawa
Hotel & Spa

夕陽海濱
北谷公園　謝苅
瑞慶覽　屋宜原
沖繩北谷希爾頓度假酒店
屋内運動場
大村　130
瑞慶覽

アラハビーチ
北谷
北前
58
嘉合場スマート
6:00-22:00
(僅限開往那覇方向)

普天滿宮　77
伊佐北　普天間　29
安谷屋　荻道
北中城

宜野灣勤勞者体育センター
P.128 拉古納花園飯店
P.141 沖繩國際電影節
宜野灣海濱公園
P.82 宜野灣熱帶海灘
市立博物館
宜野灣球場
宜野灣バイパス
伊佐　81
宜野灣市役所
330　29　沖繩自動車道
北中城登リ口
中城PA　新垣　オーシャン
キャッスル
CC

P.115 フレッシュプラザユニオン 宇地泊店
カルチャーリゾートフェストーネ
空寿崎　牧港湾
A&W牧港店
P.106
大山貝塚
美軍施設
普天間飛行場
中城城跡　上原
中城村役場

P.105・106 BLUE SEAL 牧港本店
P.75 スパイスcafe ホチホチ
牧港
大謝名　58
森川の塔
森川公園
宜野灣市
神山

P.75 ippe coppe
城間
マチナトボウル
まちなと公園
251
伊佐
沖繩
國際大
中頭郡
中城村
声の浦公園

イタリア料理とカフェ
Raccolta P.75
P.75 Cafe bar Vambo・Luga
153
牧港
嘉数高台公園
P.82　長田
南上原
35

P.74 [oHacorté]牧港本店
伊祖公園
浦添市美術館
ギノワンセブル
沖繩
国際大
32
中頭郡
中城村

泉川小公園
屋富祖
浦添市
陸上競技場
安波茶
330　屋
富　西原
栗國　南上原　西門

小湾
小湾川
パブリックゴルフ
うらそえ
栽如古
千原

A4 BISTRO 飯場まる
那覇新港　なうら橋
P.141 那覇刳龍舟
伊奈武瀬
浦添市
大平
153
浦添市役所
241
浦添極樂陵
P.82
琉球大附図書館
琉球大医学部

那覇港
泊港
那覇新港
渡輪渡船口
泊町
251
安謝　82　前田
大平経塚
前田
西原
德佐田
棚原
西原入口
伊集
和宇慶
329
北浜
中城浜
漁港

泊大橋
153
石嶺本通リ
坂田
29　上原
沖繩キリスト
教短大
西原グリーンセンター

P142-143
古島站
護國寺
卍
久茂地
市立
病院
前站
真嘉比
末吉
公園
新都心
首里久場川通リ
首里義保町
首里崎山町
中頭郡
西原町
内間
小橋川　内間
西原運動
公園
掛保久　呉屋
町立図書館
西原JCT
西原町役場

那覇市
都市
單軌
電車
美榮橋站
58　牧志
松山　大道
久米　安里
松川　新川
首里池端町　首里丁目町
首里城内
首里鳥堀町
首里金城町
首里　与儀　38
新田
小波津　安室
幸地　我謝
小那覇
中頭郡
与那城

歌町站
安里站

首里站
首里城内

與儀　與那城
沖繩CC
運玉会
▲158

久茂地　泉崎
松尾　開南
那覇市役所
沖繩縣廳
46
壺川　寄宮
古波蔵
樋川　真和志
古蔵
南風原
首里崎山町
宮城
与古田　那覇機場
自動車道
内間
那覇機場
与那城
兼久
東崎
77

那覇空港
往那覇機場
那覇市役所
旭橋
垣花橋
旭丘　古波蔵
壺川站
往旭橋
往那覇東バイパス
島尻郡
南風原町
首里崎山町
大名
240
往南風原北IC
島尻郡
與那原町
往與那原町

往沖繩北IC　D
八重島公園　↑往沖繩北IC
住吉
329
330
ゴザ十字路
沖繩市役所
◎KOZA GATE 大街 P.82
沖繩市
財團法人
沖繩子供の國
島袋　20
22
高原
高原南

江洲　85
36
33
州崎
宮里
謝　33
前原
前原
勝連南風原
海邦公園
海上保安署
海邦町

33
網球場
●沖繩縣綜合運動公園

東京第一酒店
沖繩格蘭美爾度假酒店 P.128
●陸上競技場
與儀　227
渡口
渡口みどり公園　渡口
81
渡口
329
美崎
奥武岬

熱田
♪大西テラスGC
◎中村家住宅 P.82
大城
◎中城城址 P.57
146
久場

泊
添石

33
往宇流麻市區
照間海灘
與那城照間
金武灣

與那城
勝連城風原
P.57 勝連城遺址
與勝
黑潮公園
●沖繩マリーナ

海中道路
P.83 海上休息站あやはし館
海之文化資料館
金武灣港
與那城屋平
與那城綜合公園
市役所與那城廳舍
與那城綜合公園
與那城名
海中道路
P.67

宇流麻市
屋慶名東
藪地大橋
藪地島
ジャネー洞
平敷屋港

勝連南風
市役所勝連廳舍
B&G海洋中心
勝連平安名
與那城饒邊
勝連內間

勝連分屯地
陸上自衛隊勝連分屯地
平敷屋
勝連平敷屋

沖繩基地隊

中　城　灣

カンナ崎

アギナミ島

太　平　洋

AJ Resort Island Ikeijima

大泊海灘
仲原遺跡
P.82 伊計海灘
伊計島
伊計海灘
露營場
伊計大橋

トンナハビーチ
10

金武灣
與那城池味

與那城上原 宮城島
與那城桃原

生命之鹽
觀光製鹽工廠
命御庭
P.82

宮城中央公園

宇流麻市
平安座島
10

與那城平安座

接上圖
（海中道路）

238
濱比嘉大橋
P.83
古民家食堂
てぃーらぶい
勝連浜

太　平　洋

P.83 濱比嘉島

ホテル 浜比嘉島リゾート P.130
勝連比嘉
兼久海灘

濱比嘉島・伊計島
0　　　1km N

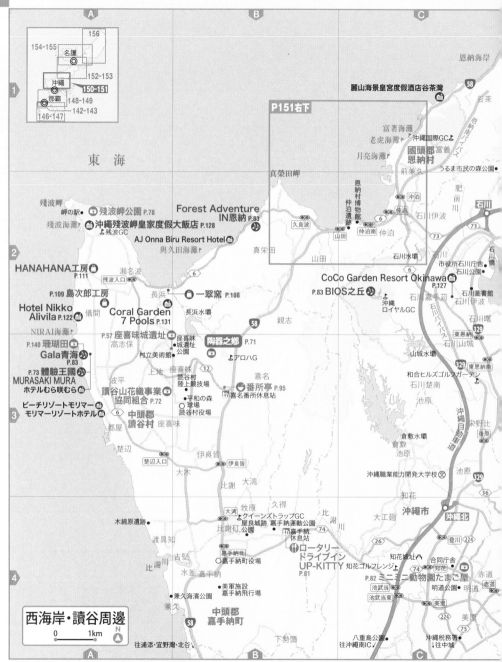

N

地圖索引

154-155　156　名護
152-153
沖繩　**150-151**
那霸　148-149
146-147　142-143

東　海

P151右下

麗山海景皇宮度假酒店谷茶灣

58

恩納海岸

谷茶

富著海灘

老虎海灘　沖繩國際GC♪

月亮海灘

國頭郡冨著　恩納村

前兼久

うるま市市民の森公園

石川

肥後川

真榮田岬

恩納村博物館
仲泊遺跡

沖泊

石川伊波

残波岬　残波の駅　●残波岬公園 P.78

残波海灘　●沖繩残波岬皇家度假大飯店 P.128
●残波GC

AJ Onna Biru Resort Hotel●

與久田海灘

久良波　6

山田　仲泊南　仲泊

石川水壩

市役所石川庁舎　石川公園●

石川橋　73

石川圖書館　石川伊波

石川曙　東恩納

329

Forest Adventure
IN恩納 P.83

HANAHANA工房
P.111

P.109 島次郎工房

Hotel Nikko
Alivila P.122

NIRAI海灘▸

P.140 珊瑚田

Gala青海
P.83

P.73 體驗王國
MURASAKI MURA
ホテルむら咲むら

ビーチリゾートモリマー
モリマーリゾートホテル

瀬名波

残波入口　6

長浜　一翠窯 P.108

長浜水壩

Coral Garden
7 Pools P.131

儀間　P.57 座喜味城遺址

高志保　座喜味
城遺址
公園

村立美術館

座喜味　読谷村
陸上競技場

真栄田

山田

CoCo Garden Resort Okinawa
P.127

P.83 BIOS之丘

沖繩
ロイヤルGC

嘉手苅

石川嘉手苅

和合ヒルズゴルフガーデン

石川山城

山城水壩

石川楚南

東恩納　329

沖繩自動車道

東恩納

屋慶比

後原

親志

58

陶器之郷 P.71

♪アロハG

喜名

番所亭 P.95

喜名番所休息站

讀谷山花織事業
協同組合 P.72

波平

上地

読谷村
役場

平和の森
●球場

都屋

中頭郡
讀谷村

楚辺入口

楚辺

座喜味

伊良皆
伊良皆

大木

大湾

池原

池原

倉敷水壩

倉敷

沖繩職業能力開發大學校

知花

大工廻

沖繩市

沖繩北

329

36

木綿原遺跡

渡具知

古堅

牧原
大湾

久得　比謝

久得　比謝川

大演
クイーンストラップGC
屋良城跡　嘉手納運動公園
比謝矼　公園

嘉手納
休息站

74

比屋良

西海岸・讀谷周邊

0　1km　N

往浦添・宜野灣・北谷▸

水釜　嘉手納

嘉手納北
嘉手納町役場

美軍施設
嘉手納飛行場

兼久海濱公園

兼久

中頭郡
嘉手納町

58

下勢頭

26

ロータリー
ドライブイン
UP-KITTY
P.81

知花ゴルフレンジ♪

知花　合同庁舎

知花城址

74

知花　明道公園　明道

赤道
直道

P.82 ミニミニ動物園たまご屋

池武当

池武当

池武当東

美里

沖繩税務署▸
↓往中城

美里

224　75

八重島公園▸
往沖繩南IC▸

D

恩納
↑往萬座海灘
恩納岳
▲363

恩納南

恩納
航空自衛隊恩納分屯基地
赤間總合運動公園
88
恩納

屋嘉隧道

伊藝SA

屋嘉水壩
屋嘉
屋嘉

↙往東山CC
329

石川東山

石川赤崎

金武灣港

金 武 灣

E

↑往安富祖
億
首
川

喜瀬武原
水壩
104

國頭郡
金武町
沖縄自動車道

金武

金武シーサイドGC↙
町營グラウンド

↑往首里

福地川水壩

漢那海灘
234
漢那

億首水壩

キャンプハンセン

金武大橋

金武

金武町役場
金武觀音寺

金城
大
川

F

國頭郡
宜野座村

↑往慶佐次

P.131 LiVEMAX AMMS
CanNa RESORT VILLA

329

金武岬

ネイチャーみらい館
P.83

BLUE海灘

金武岬

1

2

具志川GC 昆布

宇流麻市

川崎
安慶名中央公園
安慶名城遺址

天願

宇堅
天
願
川

宇堅海灘

安慶名

75

天願

10

宇流麻市役所

8

野鳥之森自然公園

西原
224

安慶名

8

田場

36

平良川

224

田場

平良川

75

金武灣入口

8

兼箇段

喜仲 仲嶺

宮里

224

36

江洲

85

豐原

上江州
大田

16

塩屋

川田

37

10

往嘉手納 往海中道路

往國道329號

川田

勝連南風原

10

照間海灘

37

往海中道路

仲泊周邊
0   500m N

具志川運動公園
具志川

瀬名波

久良波

山田
MARINE
CLUB NAGI
P.68

Renaissance Okinawa
Resort P.69・125

真榮田岬 P.78

青之洞窟 P.68

恩納休息站
なかゆくい市場
琉冰 Ryu-pin
P.104

恩納村
博物館

仲泊遺跡

山田

58

琉球村 P.73

國頭郡
恩納村

東 海

サンマリーナホテル

P.125 富著卡福度假酒店・公寓

P.133 沖縄蒙特利水療度假酒店

Hotel Moon Beach
恩納マリンビューパレス

P.78 カフェギャラリー土花土花

仲泊

仲泊

仲泊南

往國道329號

58

58

前兼久

恩
納
海
濱
公
路

往谷茶久↗

往石川IC

仲泊

6

73

琉球ガラス
匠工房
仲泊

6

石
川
水
壩

P.72

往國道329號

3

4

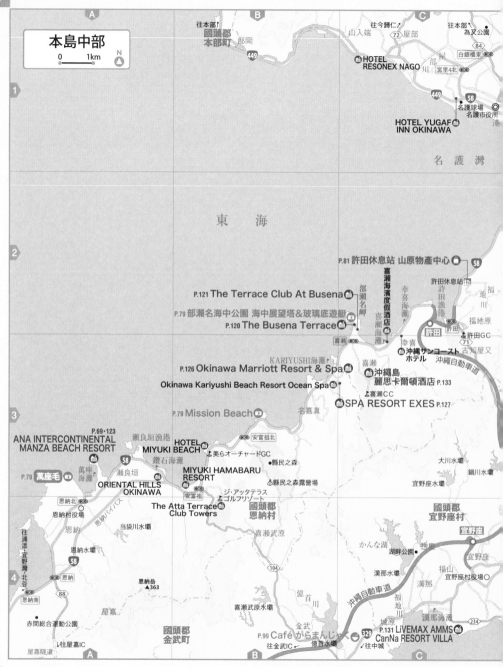

本島中部

0　　　1km　N

往本部↑
國頭郡
本部町
部間
449

往今歸仁→　往本部→
山入端　72 屋我
HOTEL
RESONEX NAGO
宮里4北　84
白銀橋東
為又公園
449
58
名護球場
HOTEL YUGAF
INN OKINAWA
名護市役所
名護市役所

名　護　灣

東　　海

P.81 許田休息站　山原物産中心　58
喜瀬海濱度假酒店
喜瀬海灘
P.121 The Terrace Club At Busena
部瀬名岬
許田休息站　福
地川
幸喜海灘
許田漁港
福地原
P.79 部瀬名海中公園 海中展望塔＆玻璃底遊艇
The Busena Terrace
喜瀬
喜喜
許田
幸喜
許田GC
71
沖繩サンコースト
ホテル
沖縄自動車道
古知屋又
P.126 Okinawa Marriott Resort & Spa
KARIYUSHI海灘
喜瀬
沖縄島
麗思卡爾頓酒店 P.133
喜瀬CC
Okinawa Kariyushi Beach Resort Ocean Spa
SPA RESORT EXES P.127
P.79 Mission Beach
名嘉真
P.69・123
ANA INTERCONTINENTAL
MANZA BEACH RESORT
瀬良垣漁港
HOTEL
MIYUKI BEACH
鑽石海灘
安富祖北
美らオーチャードGC
縣民之森
大川水壩
58
瀬良垣
P.79 萬座毛
萬座
海灘
MIYUKI HAMABARU
RESORT
縣民之森露營場
鍋川水壩
ORIENTAL HILLS
OKINAWA
安富祖
宜野座水壩
恩納北
恩納村役場
ジ・アッタテラス
ゴルフリゾート
國頭郡
恩納村
恩納
The Atta Terrace
Club Towers
國頭郡
宜野座村
當袋川水壩
喜瀬武原
かんな湖
湖畔公園
宜野座
恩納水壩
104
福山
漢那水壩
宜野座村役場
58
恩納岳
▲363
億首川
沖縄自動車道
漢那
福地川
漢那海灘
234
88
恩納南
喜瀬武原水壩
城原
赤間総合運動公園
屋嘉
金武
P.99 Café からまんじゅ
P.131 LiVEMAX AMMS
CanNa RESORT VILLA
往屋嘉IC
屋嘉隧道
國頭郡
金武町
往金武IC
億首水壩
往中城
329